AF237415

Herstellung und Verlag: BoD – Books on Demand, Norderstedt
ISBN: 9783756851683

Reimwerker

Es ist nicht leicht, dass gleich ein Reim
fällt einem passend immer ein.

Da muss man denken, suchen, tun,
darf einfach nicht so lange ruh´n,
bis dass den richtigen man nimmt
und es im Versmaß auch noch stimmt

Drum ist das Reimen Handwerk auch,
selbst wenn den Mund man eher brauch,
um diese Werk dann vorzutragen
und laut und deutlich aufzusagen.

Wenn freut man sich, schmunzelt und lacht,
dann ist das Werk wohl recht gemacht.

Menschliches und Allzumenschliches

10 Wirkung
11 Humor hilft
12 Mir geht´s gut
13 Der Mann
14 Das Kind im Manne
16 Ernst
17 Tät´st ma mal
19 Wehleid
20 Gesundheit
22 Sahnestück
23 Bettflucht
24 Frauen sind anders
26 Schönheiten
27 Schutzengel
28 Engel - unsere bessere Hälfte
29 Hausfrauenhetze
31 Muttertag
32 Anerkennung
   Zauberworte
33 Verzeihung
34 Echo
35 Dann schlaf doch am Balkon
36 Kopfwäsche
37 Meine Teuerste
39 Kreislauf des Lebens
40 Da war doch was
41 Entschleunigung
43 Metamorphose
44 Wackelkontakt
45 Selbstgespräche
46 Senioren
48 Rentnerbeschäftigung
50 Rentnerpanzer
52 Werdegang
53 Juristen
54 Der Lehrer
55 Der Zauberer
56 Schornsteinfeger

57 Fee in Weiß
58 Dumm gelaufen
59 Spiegelei
60 Beim Augenarzt
62 Die Pille
64 Am Amt
66 Eile
67 Pünktlichkeit
68 Morgengezwitscher
69 Wecker
   Warten
70 Morgentau
72 Narretei
73 Firlefanz
74 Mundart
75 Mundarten
76 Heimatklänge
77 Reingerutschter
   Die Alekt

Wünsche und Gratulationen

79 Quäntchen Glück
   Buchstabieren
80 In-die-Welt-komm-Tag
81 Gereimter Gruß
   Blickrichtung
   Titanic
82 Gesundheit
83 Älter werden
   Liebe Wünsche
84 Schon wieder
85 Halbzeit
   Schmetterlingsglück
   Zahlenwechsel
86 Jung geblieben
   Feiertag
   Unterschied
87 Erinnern
   Reife
88 Geburtstagstorte

6

Geburtstag
89 Wie gestern
Flötenspiel
90 Gib Gas
91 Nicht vergessen
92 Vergesslichkeit
Schneckenpost
93 eMail
Glückskette
94 Was nun?
95 Geburtstagsfeier
96 Geburtstagsrede
97 **Kleine Weisheiten**
Kurz
Gerecht?
Bildung
Wissensdurst
Einsicht
Schein
Bemühen
Klugheit
Lernen
Weisheit
Endlos
Wahr oder unwahr
Lügen
Toleranz
Irrtum
Lachen
Beste Medizin
Medizin
Lächeln
Ärger
Worte
Feuer
Wohin?
Siehste
Sächliches und Nebensächliches
101 Der Frack

102 Der Hosenknopf
103 Das Knopfloch
Die Zigarre
104 Schmauchen
105 Anglerlatein
106 Entzündung
107 Die Lampe
Die Maus
108 Papierlos
109 Ein Brief
110 Hochtechnisch
Aufwärts
111 Heizungsausfall
112 Navigation
114 Grüne Welle
115 Motorradtour
116 Relativ
Bahnfahrt
117 Muckibude
118 Kirmes
120 Abnehmen
122 Geld
123 Beziehungskiste
125 Notruf
Flüssiges und Überflüssiges
126 Lebenselixier
127 Schwärmerei
128 Die Qual der Wahl
130 Pälzer Durscht
Hilfe
131 Streit
Hoffentlich
Behauptung
132 Weinverdunstung
133 Voraussicht
Pfalzwein
134 Durst
Schoppenweise
135 Ermahnung

Wein, Weib und Gesang
136 Sparsamkeit
Moral
137 Wildfang
Saurer Wein
138 Korkenzieher
139 Kork
Rezept
Gesundheit
140 Lob dem Wein
141 Schätzchen
Aufrichtig
142 Wasser
143 Achtung
144 Federweißen
Im Wein liegt Wahrheit
145 Schaumlethe
146 Wohlstandsbrause
147 Poet
148 Karaffe
149 Schöntrinken
150 Vorlieben
Alm Trunk
152 Notlage
Kronzacken
153 Lederallergie
154 Doktors Rat
155 Verkatert
156 Hilfe
Weiche Birne
157 Trunken
158 Anstoßen
159 Mahlzeit
Tröpfchenweise
160 Lyoner
161 Hausmacher
162 Die Leber
Beleidigte Leberwurst
Griebenschmalz

163 Weck, Worscht un Woi
164 Käsehimmel
Außerdem
165 Käse
166 Käseduft
168 Frühstück
169 Moritat vom Butterbrot
170 Saures
171 Fisch
Heringsbude
172 Stoßseufzer eines Matjes
173 Heringslos
174 Heringsatzung
175 Makrele
176 Moritat vom Spargel
177 Hüllenlos
178 Heißhunger
Das Schwein
179 Delikates
180 Ausflugsfahrt
181 Bratwürstchen
182 Ferkels Wunschtraum
183 Am Grill
184 Gänseklein
185 Liebesmahl
187 Kaffee
188 Tee
190 Teekännchen
191 Schicksalswende
192 Scherzkeks
Weicher Keks
Nüsse
193 Arme Ritter
Obst ist gesund
Hopsala
194 Unanständig
195 Im Bett
196 Kopfkino
Neugier

8

197 Nackig
Nackt
198 Durchs Schlüsselloch
200 Was nun?
202 Durch die Blume
203 Pferdchen
204 Bienchen
205 Mottenkiste
206 Na, na...
208 Das Wolkenschiff
209 Sommersprossen
210 Musikzauber
211 Liebesgedicht
212 Plumeau
213 Wiedersehen
214 Jugendliebe
215 Warum denn nicht?
216 Streichelmädchen
Unter den Linden
217 Rummelplatz
218 Hoppla
Berlinerisch
220 Jefühle

Trennungsjrund
221 Milljöh
Flöhe
222 Jewissensfrage
Rasur
Hochzeitstaach
223 Letzta Wunsch
Inna Bierschwemme
224 Siehste
Eile
225 Am Spreekanal
226 Logik
Ejal
227 Mostrich
229 Watt nu?
231 Ältawerden
232 Der Wattwurm
233 **Dampfplaudereien**
239 Limericks
241 Unverständlich
242 **Nachwort**

Menschliches und Allzumenschliches

Wirkung nach Eugen Roth

Ein Mensch, der hört sich selbst gern reden,
zeigt deutlich, dass **er** find´ sich gut.
Die Zuhörer, die das erleben,
bemerken schnell, warum er ´s tut.
Weil er so lange hat studiert,
und viel gelernt mit voller Kraft
sich als Gelehrter präsentiert,
als Meister seiner Wissenschaft.

Mag sein, das was er sagt ist wichtig,
doch leider ihn ´s nicht interessiert
dass man ihm folgen kann so richtig
und den Gedankengang kapiert.

Die Wahrheit, die er dann verkündet,
kann klug sein, witzig, aktuell,
doch Aufmerksamkeit leider schwindet
bei solchem Vortrag allzu schnell.

Wenn er zudem missachtet Kürze
und zieht die Rede stundenlang,
ohne Betonung noch als Würze,
wird es dem Publikum ganz bang.

Ein guter Mensch, der achte wohl
den Zuhörer, das Publikum!
Für Wahrheit gibt ´s kein Monopol
und wer das glaubt ist dumm.

Er hebt den Zeigefinger nicht,
versucht nicht jemand zu belehren,
behandelt niemanden als Wicht
und meidet das Bekehren.

Ein guter Mensch nimmt sich nicht wichtig
– er ist der Postbote doch bloß –
so wird die Aussage gewichtig
und das Interesse riesengroß.

Ein Mensch spricht aus, wie ´s alle nennen,
bezieht das Publikum mit ein,
bringt es zum Denken, Selbsterkennen,
zum Lachen und zu Träumerei 'n.

Und wenn dann ist die Rede aus
ein Mensch geht weg bescheiden.
Dem Vortrag gilt dann der Applaus –
und ihn kann man gut leiden.

Humor hilft

Geht mal Kritik gegen die Ehre,
gleich ein Disput zu streiten wäre.
Doch muss man sich ja nicht dran stören
und kann es einfach überhören.

Ich nehm´ es fröhlich, dass Ihr ´s wisst,
weil der Humor mir wichtig ist,
denn nur durch ihn lässt sich ertragen,
was andre oft zu sagen haben.

Es stört die Eiche nicht das Schwein,
reibt sich an ihr ein Irgendein
und jeder Philosoph mit Schläue
wirft Perlen auch nicht vor die Säue.

Ich hab ´ne Elefantenhaut,
die manchen bösen Spruch verdaut,
weil ich mit Freud´ und Spaß im Spiel
mit Reimen nur genießen will.

Drum hebt die Gläser an die Lippen,
um kräftig daraus nun zu nippen,
dann ist für alles man bereit,
für Unsinn und für Fröhlichkeit.

Mir geht ´s gut

Zum Stammtisch, so etwa um sieben
wird man zur Wirtschaft hin getrieben,
und gleich, nach Stunden im Büro,
begrüßt mit freundlichem „Hallo!".

Des meistens folgt die Frage stets
nach dem Befinden und „Wie geht ´s?"

Da steh´ ich, – Nase triefend, hustend,
mit Grippevirus, schnaufend, pustend,
und antworte, mit stiller Wut:
„Das siehst du doch, es geht mir gut!"

Ist nicht nur einer, der negiert,
dass die Gesundheit malträtiert.
Zum Jammern, Klagen fehlt der Mut,
drum sagt ein jeder: „´s geht mir gut!"

Auch wenn nun Feierabend ist
die Sorgen man doch nicht vergisst,
Beruf, Familie, Alltag eben,
und was an Schlechtem wir erleben.
Doch auf die Frage – wie ´n Statut –
folgt stets die Antwort: „´s geht mir gut!"

Selbst Alten, den steckt ´s in den Knochen,
und die nur mühsam her gekrochen
zum Stammtisch, sagen resolut
auf diese Frage: „´s geht ganz gut!"

Wieso wir lassen uns einengen
von förmlichen Verhaltenszwängen
statt Ehrlichkeit? – Mir wär´ es recht,
wenn einer sagt: „Heut´ geht ´s mir schlecht!"

Der Mann

Wir Männer sind doch alle gleich,
hart nur von außen, drinnen weich.
Doch jeder protz, was nur er hat,
als wäre er ein Unikat.

Wir sind sensibel wie Mimosen,
doch unnahbar, will man uns kosen.
Dann spielen wir den harten Mann,
lassen Gefühl nicht an uns ran.

Wir können disputieren schlecht
und wollen haben immer Recht.
Doch irren wir, meinen wir schlau,
schuld war doch wieder mal die Frau.

Woll´n wir was haben, wir loslaufen,
um uns das Traumstück gleich zu kaufen.
Doch Wünsche selten wir erfüllen,
die unsre Frau hegt oft im Stillen.

Statt dass wir helfen mal zuhause,
geh 'n wir mit Freunden auf die Sause,
schütten uns Schnaps und Bier hinein
und kommen mit ´nem Schwips spät heim.

Dann wir die Nachtruhe ihr stören,
weil laut wir schnarchend dröhnen, röhren.
Nur wir sind morgens wieder frisch
wenn sie uns deckt den Frühstückstisch.

Läuft Fußball samstags im TV
vertreiben wir sogleich die Frau.
Die soll doch putzen, bügeln, nähen
solange wir dem Spiel zusehen.

Kaum wir ein hübsches Weib erspähen,
müssen wir uns nach ihr umdrehen,
wobei gedanklich wir betrügen,
was wir bestreiten oder lügen.

Wir Männer uns fast alle gleichen
und vom Verhalten kaum abweichen.

Nur in Nuancen – so ein Stück –
wird voneinander unterschieden.
Drum gibt die Frau – zu unserm Glück –
sich schließlich auch mit uns zufrieden.

Das Kind im Manne

Die Bübchen, als noch klein und Kind,
voll Fantasie und Spieltrieb sind:
Zum Ritterspiel mit der Figur
genügt als Burg ´ne Schachtel nur
zum Drachentöten dann geschwind.

Von Minne gibt´s noch keine Spur
und Mädchen sind doch lästig nur.
Selbst später in der Schule dann,
weil keine Fußballspielen kann,
braucht er sie nur für die Zensur.

Jedoch mit sechzehn er gerät
als Jüngling in die Pubertät,
versucht als Mann sich auszugeben
mit Bartwuchs und mit Mofa eben,
auch wenn der Flaum das Kind verrät.

Dann später er geschickt versteckt
welch´ Kind im Manne doch noch steckt.
Denn Sportwagen und Wünschelrute
als der Erwachs´nen Attribute
werden als wichtig nun entdeckt.

Der Weiblichkeit so zugeneigt
gern er sich ganz als Macho zeigt,
dass mit dem Männlichkeitsgehabe
man hält ihn nicht für ´n Musterknabe.
Und das Gewissen still nur schweigt.

Auch im Beruf geht es nun weiter
steil hoch auf der Karriereleiter:
Ganz sachlich, rational und kühl
handelnd als Mann mit Pflichtgefühl,
bloß dass er ist kein Außenseiter.

Dann hat er längst es aufgegeben,
dem eignen „Ich" noch nachzustreben,
das außer ihm wohl keiner kennt
und es verkümmert sein Talent.
Langweilig wird´s in seinem Leben.

Den Spieltrieb kompensiert er flau
beim Fußballschau´n vor dem TV.
Am Sofa dort mit Salzgebäck
spült er mit Bier die Träume weg
und wird so langsam dick und grau.

Ganz selten in den vielen Jahren
spürt er etwas von den Gefahren,
die drohen seinem müden Herz
durch Stress und Ärger oder Schmerz
und weil am Frohsinn er tut sparen.

Mit Kunst, Humor sich zu zerstreuen
laut Lachen und an Unsinn freuen,
das wäre hier die Medizin,
die kriegt das Kind im Manne hin,
dass er das Alter braucht nicht scheuen.

Er brauchte nur was Mut zu fassen
die alten Zwänge los zu lassen,
um fröhlich wieder mitzuspielen,
so Glück und Freude zu erzielen
und in der Fantasie zu prassen.

Dabei kommt Geist und Herz in Schwung
und hält ihn trotz des Alters jung!

Ernst

Seit Ernst dereinst zur Welt gekommen
hat selten er sich ernst benommen,
denn schon von Kindesbeinen an
war er dem Unsinn zugetan.

Statt brav den Teller leer zu essen
war vielmehr er darauf versessen
im Essen kräftig rumzumantschen
und mit den Händen reinzupantschen.
   Die Mutter ernsthaft zu ihm spricht:
   „Mein Ernst, mit Essen spielt man nicht!"

Auch in der Schule später dann
er Unsinn meist nur machen kann.
Er gern die Lehrer imitiert,
veralbert sie ganz ungeniert.
   Im Klassenbuch war oft zu lesen::
   „Ernst ist nur unernst heut´ gewesen!"

Auch Mädchen in den Jugendtagen
tat er mit Streichen ständig plagen.
So blieb er unbeweibt allein;
denn keine wollt´ ihm Freundin sein.
   Sie fürchteten: „Ich mich blamier
   mit Ernst, dem Kasper-Kavalier!"

Auch in dem Arbeitsleben dann,
nie ernsthaft Ernst was tuen kann.
So er zu dem Berufe fand:
Er wurde einfach Komödiant.
   Und angekündigt wurd´ stets er:
   „Bei Ernst ernstbleiben, das fällt schwer!"

Zwar er errang dadurch was Ruhm,
weil ständig konnt´ er Blödsinn tun.
Selbst wenn er mal was ernsthaft machte,
ein jeder nur darüber lachte.
   Doch in die Jahre dann gekommen,
   merkt Ernst, er wird´ nie ernst genommen.

Es wurden fade seine Witze
durch Mangel seiner Geistesblitze
und immer öfter griff er wohl
aus Frust deshalb zum Alkohol.
        So kriegt der Spruch, man sagt dahin
        „Mein voller Ernst", ´nen Doppelsinn.

Tät´st ma mal

Als Ehemann ist ´s stets ´ne Qual
und die Stirn sich dir schon kräuselt,
wenn die Gattin freundlich säuselt
mit der Bitte „Tät´st ma mal...".

Denn sogleich ist dir bewusst,
ob man selber grad was schaffe,
oder ´ne Zigarre paffe,
dass sofort du helfen musst!

Gleich bleibt alles steh´n und liegen,
alles muss urplötzlich ruh´n,
wenn sie meint, du musst was tun
und du eilest zu der Lieben.

Willst ja keinen Ärger kriegen,
meidest jeglichen Einwand.
Wenn du gehst ihr schnell zur Hand,
herrscht danach auch weiter Frieden.

Und du stürzt die Treppe rauf,
denkst an Werkzeug, Eimer, Besen,
und was ist kaputt gewesen
und was trägt sie dir wohl auf.

Tropft der Hahn, klemmt wo die Tür,
ist ´ne Glühlampe defekt?
Was hat diesmal sie entdeckt,
dass sie braucht mal dich dafür?

Ist ihr irgendwas zu schwer,
Mülleimer fast übervoll?
„Tä´st ma mal", wirkt bei dir doll,
wie ´s Signal der Feuerwehr.

„Wo liegt diesmal das Malheur?"
fragst du freundlich, arbeitsam.
Sie hysterisch kreischt dich an:
„Schau! Da kriecht ´ne Spinne her!"

Wirst zwar Kammerjäger nur,
wenn mal schwächelt ihr Geschlecht.
Aber das ist dir auch recht,
denn sie braucht „mannhaft´ Natur"!

Wehleid

Das Leben, das ist gar nicht nett!
Ich liege hier im Lotterbett
und fühl mich elend, krank und matt
wie auf der letzten Lagerstatt.

Von meiner Stirn, da rinnt der Schweiß,
unter den Decken ist mir heiß,
ich horche still in mich hinein:
Soll das denn nun mein Ende sein?

Es zwickt mich arg im großen Zeh,
dazu tut mir der Bauch auch weh.
mein Herz, das pocht so richtig schwer
auch fühl´ den Atem ich nicht mehr.

Ich frag´ mich, ob es opportun,
den letzten Willen gleich zu tun
und dass ihn auch ein jeder kennt
verfassen gleich mein Testament.

Bevor mich jetzt verlässt mein Leben
versuche ich mich zu erheben,
doch meine Kräfte schnell entschwinden
eh´ ich zum Schreiben kann was finden.

So bleibe ich erschöpft halt liegen.
Da hör ich Tritte auf den Stiegen
und endlich zu mir Todgeweihten
kommt meine Burgfrau noch beizeiten.

Sie bringt ´ne Tasse Blütentee,
damit es mir bald besser geh´.
Auch will sie mir die Stirn abtupfen,
und meint dabei:

„Du hast nur Schnupfen“.

Gesundheit

Gesundheit meist man erst vermisst,
wenn man gesund nicht mehr so ist.
Meist ist zu spät es damit eben
bis dahin auch gesund zu leben.

Im Nachhinein wär ´s opportun,
dasselbe früher schon zu tun,
doch kein Wehwehchen man gespürt,
das irgendwie zur Krankheit führt.

Man schlemmte, schmauste. Für Bewegung
verspürte man kein bisschen Regung.
und mit den Pfunden, Jahr für Jahr,
man stets ein rechtes Mannsbild war.

Dazu passte ein rechter Tropfen,
ob er aus Reben, ob mit Hopfen.
So manches Schnäpschen schmeckte auch,
wenn rann es in den dicken Bauch.

Dazu man noch Zigarren brauchte,
die nach dem Essen man gern rauchte.
An dicken Schwaden war zu seh´n:
Man ließ es richtig gut sich geh 'n.

Nun liege ich im Lotterbett
im Krankenhaus, was ist nicht nett:
Kein Alkohol, kein Nikotin,
nur viele bitt´re Medizin
und weil es schlimmer immer geht,
zum Essen nur noch was Diät.

Ach, würde ich nur schnell genesen,
mein Aufenthalt vorbei gewesen:
Ich würde nur gesund noch speisen,
beim Trinken mich zusammenreißen
und auch das Rauchen gäb´ ich auf.
Ja ich versprech ´s – die Hand darauf.

Doch vorher lad ich viele Gäste
zu einem herrlich schönen Feste,
um die Gesundung recht zu feiern
und die Malessen zu verschleiern.

Mit fetten Braten, Bier und Wein
und auch ein Schnäpschen schenk ich ein,
wobei am Schluss ich drauf beharre
dass jeder raucht, wie ich, Zigarre.

Weil ist mein Freundeskreis recht groß
kann oft ich feiern so famos.
Und ist der Vorwand aufgebraucht,
man halt nur so

schlemmt und was raucht.

Sahnestück

Die Frau meint, heut´ zu ihrem Glück
fehlt ihr nur noch ein Sahnestück.
Sie´s schon am Teller liegen seh´,
so luftig leicht zu dem Kaffee.

Natürlich bin ich losgelaufen,
das leckerste ihr gleich zu kaufen.

Bei dem Konditor, ich konnt´ seh´n,
gab es nur was mit Buttercreme,
die ich zwar lieb´ - die Burgfrau nie,
weil ihr drin zu viel Kalorie.

Beim Bäcker – fast zum Haare raufen –
gab´s auch kein Sahnestück zu kaufen,
nur Nusskranz und Plundergebäck,
was nicht erfüllt des Gaumens Zweck.

Im Supermarkt, am Brötchentresen
ist auch nichts Sahniges gewesen.
Ich konnte schauen und auch suchen,
nur Streusel- oder Käsekuchen.

Wo sonst bekäme ich wohl diese?
Vielleicht von „Coppenrath & Wiese"?
Jedoch ich wollte mich nicht trauen,
was Tiefgefrornes aufzutauen.

Wie ihr den Wunsch denn nun erfüllen,
den Appetit auf Sahne stillen?

Mit leeren Händen ging´s zurück.

Da fiel mir ein, zu unserm Glück,
dass ich bin heut´ ihr „Sahnestück".

Bettflucht

Im Alter kommt es mit den Jahren,
dass man versucht die Zeit zu fassen,
und will sich viel davon bewahren
und zu viel Schlaf nicht mehr zulassen.

Man geht des Abends spät zu Bett
verbringt die Zeit mit vielen Sachen,
und findet es vor allem nett,
nun vieles ohne Drang zu machen.

Man liest oder schaut ins TV,
löst Kreuzworträtsel, spielt mal Zocken,
und hört nur selten auf die Frau
die einen will ins Bett nun locken.

Und morgens, wenn der Hahn mal kräht,
man längst mit Zeitung Kaffee trinkt.
Der Sonnenaufgang kommt zu spät,
wenn schon ein neuer Tag uns winkt.

So wird der Tag lang ausgedehnt,
von morgens früh bis abends spät,
dass man glatt 20 Stunden wähnt,
und nie in Zeitnot so gerät.

Ein Nachteil hat die Lebensart:
Schnell hat´s die Frau herausgefunden
und ihren Vorteil gleich gewahrt.
Das hab´ ich noch nicht ganz verwunden:

    Am Frühstückstisch liegt eine Papier,
    mit einer langen Liste
    welch Arbeiten sie einteilt mir,
    wenn ich zu tun nichts wüsste.

Aus Liebe und Fürsorge schlicht
tät diese sie mir schreiben.
Sie will – dass ärger ich mich nicht -
mir Langeweil´ vertreiben.

Frauen sind anders

Dass Frauen einfach anders sind,
das weiß doch schließlich jedes Kind:
Sie könne uns zwar Kinder schenken,
doch nie in Parklücken einlenken.

Ihr Fühlen, Denken und ihr Wesen
sind unverständlich stets gewesen,
Das fing schon an im Paradies,
aus dem man uns durch sie verwies.

Hast du in eine dich verschaut,
bis du ganz schnell schon angetraut,
und kämpfst ab nun für alle Zeit
um was Verständnis, Einigkeit.

Willst sie zwar gern auf Händen tragen,
und ihr nur Nettigkeiten sagen,
doch wird dir das meist nicht gelingen,
weil sie denkt anders oft bei Dingen.

Siehst du sie mal vor ´m Spiegel steh´n,
folgt schon die Frage: „Bin ich schön?"
Ihr kann dasselbe nie passieren,
stehst du vorm Spiegel beim Rasieren.

Wenn findet sie ein Kleid ganz schick,
will wissen sie: „Bin ich zu dick?"
Dich stört dein Bäuchlein nicht so sehr,
und wählst beim Kauf ´ne Nummer mehr.

Gemütlichkeit wird oft zur Qual
wenn geht es um die Möbelwahl:
Du magst bequem es, dick und weich,
sie schaut nur, ob es pflegeleicht.

Im Fernseh´n gibt ´s statt Fußballspiel,
nur Liebesfilme mit Gefühl,
wobei ich muss gar nicht erwähnen,
dass Tempos brauchst du für die Tränen.

Wollt ihr zum Essen mal ausgeh'n
und du fänd'st Steak im Steakhaus schön,
dann meint sie, dass die bessre Wahl
sei eher ein Vegan-Lokal.

Und soll s ein Musikabend sein,
geht sie in kein Konzert mit rein.
Nur Musical und leichte Noten
wird dir von ihr da angeboten.

Willst du ein Auto neu dir kaufen,
kannst du zu vielen Händlern laufen.
Nicht Durchzug, PS, Reifenzoll -
den Schminkspiegel findet sie toll!
Und bei der Farbwahl es drum geht,
ob die ihr zur Frisur gut steht.

Stets kommt es anders, wirst du denken,
weil sie wird die Entscheidung lenken,
der kannst du meist nicht widersprechen,
aus Angst, das könnte bös sich rächen.

Willst Freizeit du im Garten nutzen,
sollst helfen du beim Wohnung putzen,
und willst du waschen 's Auto fein,
muss es ein Einkaufsbummel sein.

Ja selbst des nachts zu zweit im Bett,
wird es nicht, wie du hoffst, so nett,
wenn sie bestimmt wann wo du liegst
und ob du die Belohnung kriegst.

Was ihr im Sinn, bleibt dir verborgen,
und nie errätst du ihre Sorgen,
weshalb du hast Gewissensbisse
und einigst dich auf Kompromisse.
Dann überspielst mit Witz und Scherz
du meistens den Entscheidungsschmerz.

Doch nicht mal dies wird ihr je klar,
weil prompt folgt drauf ihr Kommentar

lässt du heraus das Kind im Mann.
„Wie man so albern nur sein kann!"

Man denkt glatt, dass der Herrgott lacht,
der Mann und Frau hat so gemacht,
dass er hat immer seine Freud´
an deren Unterschiedlichkeit.

Vielleicht ist es auch seine Rache,
dass doch der Mann zur Schöpfungssache
ihm nicht die rechte Achtung zollte
und nur ´ne Rippe opfern wollte.

Schönheiten

Warum die Frauen schöner sind,
das weiß doch wirklich jedes Kind.

´s sind nicht die Formen rundlich prall,
ob oben, hinten, überall,
´s sind auch die Haare nicht, gewellt,
das auf die Schultern runterfällt,
´s sind auch nicht Beine, flacher Bauch.
Dies alles ist nur Schall und Rauch

Zwar stets verlockt uns die Figur,
doch ist die Lösung nicht Natur. -
Wenn morgens sie im Bade stehen
und ihr Geheimnis sofort sehen:

> Der Mann zum Duschen Shampoo nimmt
> dass auf den Tag er eingestimmt.

Sie brauchen dazu noch Spülung, Tönung,
Aroma Gel zu der Verschönung
und wenn sie in die Wanne steigen,
sie Badeperlen Schaum zuneigen.

Sogar später beim Zähneputzen
sie müssen was Besondres nutzen,

für ihn liegt Übliches bereit –
sie doch benutzen „Extra White".

Der Mann braucht dann für die Rasur
was Schaum und Aftershave dann nur.

Sie haben gleich ein Arsenal,
was macht die Auswahl glatt zur Qual:
An Lidschatten ein Farbenkasten,
und Eyelinern, die dazu passten,
an Puder, dunkles oder hell,
was aufgetragen wird noch schnell,
und Lippenstifte vieler Zahl,
von pink bis rot reicht die Auswahl.

Danach sie stundenlang noch steh´n,
wenn brummt dazu lang laut der Fön.

´ne Hose und ein Hemd reicht ihm.

Die Frau hat ´s schwer sich anzuzieh´n.
Steht suchend vor dem Kleiderschrank,
bis sie was finden – Gottseidank.
und sie im Spiegel dann erblicken:
welch´ Wirkung endlich sie entzücken.

Wir Männer sind – mal so beseh´n -
doch einfach von Natur aus schön.

Schutzengel

Die Ehefrau, die uns beschützt,
als Schutzengel uns meistens nützt.

Nur manchmal bin ich was verwirrt,
hab´ ich mich etwa doch geirrt?
Da seh´ ich neben Flügeln, weiß,
zwei Hörner und den Fuß der Geiß.

Engel - unsere bessere Hälfte

Ein Engel, wie wohl jeder weiß,
hat Flügel dran, und die sind weiß.

Auch ich kenn´ dieses weiß´ Gefieder,
kommt manchmal auch vom Himmel nieder,
doch glaub´ an Engel ich nicht ganz.
Vielleicht ist es auch nur ´ne Gans?

Ein Engel uns unendlich nützt
weil er uns täglich auch beschützt.

Doch manchmal hat der Engel Pech,
dann ist ´ne Beule in dem Blech
und statt ich spare Taxikosten
fängt ´s Auto dort jetzt an zu rosten.

Ein Engel in den lichten Höh´n
kann für uns weit voraus auch seh´n.

Doch manchmal sind die Engel blind
weil in ´s Gespräch vertieft sie sind.
Am Telefon dann ganze Stunden
sind sie der Wirklichkeit entschwunden.

Ein Engel leitet uns zum Guten,
bewahrt uns vor des Teufels Gluten.

Doch wenn es kommt nur etwas Kälte
bekommt von ihm man gleich die Schelte:
„Wie sorglos bist du doch, mein Mann,
mach endlich mal die Heizung an!"

Doch lasst den Engel „Engel" sein,
denn ohne ihn wär 'n wir allein.

Hausfrauenhetze

Die Haushaltsarbeit macht viel Müh´,
bist unterwegs von spät bis früh:
Den Boden bohnern, Staub wegwischen
von Schränken, Kommoden und Tischen,
Die Wäsche waschen, bügeln, plätten
auch aufräumen und lüften Betten,
annähen, wenn was abgerissen,
die wichtigen Termine wissen,
dass so zuhaus´ dein lieber Mann
sich wohlfühlen auch immer kann.

Vom Kaufmann hetzt zum Fleischerladen
mit Taschen, Tüten schwer beladen.
Suchst nur die feinsten Köstlichkeiten,
um Gaumenfreuden zu bereiten.
Dass er nicht übers Essen stöhnt,
wird er von dir täglich verwöhnt.
Wenn ganz in Hast und Eile dann
du schleppst ins Heim den Einkauf an,
vom Mann im Sessel tönt ´s wie Hohn,
„Seit einer Stunde wart´ ich schon!"

Nun wird gesotten und gebraten,
gewürzt, bis alles gut geraten.
Du wieselst flink am heißen Herd,
dass sich der Gatte nicht beschwert,
doch kommt das Essen auf den Tisch
mit Suppe und Salat ganz frisch,
es, statt ´nem Lob, von ihm nur hallt ´s:
„Da fehlt noch Pfeffer und auch Salz!"

Nie kannst du Deine Zeit einteilen,
nie bleibt mal Zeit was zu verweilen
beim Schwätzchen mit der Nachbarin,
der Fleischersfrau, Kassiererin.
Ein Blick zur Uhr gibt dir Bescheid:
„Ich muss nach Haus´, es wird schon Zeit!"

Du weißt, dass er zuhause blickt
wie auf der Uhr der Zeiger tickt,
ob für seine Annehmlichkeit
rechtzeig´s Essen steht bereit.

Wie schön auch ist der Tisch gedeckt
erfährst du nie, ob es geschmeckt
hat er sich erstmal satt gegessen,
und kannst ein Lob darob vergessen,
Auch musst nun zur Küche stürmen,
wo wartet Abwasch hoch in Türmen.
Er macht es sich derweil bequem
und ruft zu dir noch außerdem,
„Es wäre nett, bringst du zu mir
herüber noch ein kühles Bier."

Einmal im Jahr, da darfst du ruh´n
und brauchst mal nichts für ihn zu tun.

Er führt dich aus, wohin er mag.
Der Tag, der nennt sich „Muttertag".

Muttertag

Auch wenn das Baby stündlich schreit,
stets ist die Mama gleich bereit,
scheut weder Mühe oder Plag.
Ein jeder Tag ist Muttertag

Verdreckt vom Spielen kommt das Kind,
die Mama säubert es geschwind,
auch wenn´s im dicksten Schmodder lag.
So jeder Tag ist Muttertag.

Im Schulalltag wird ´s richtig schwer,
weshalb die Mama hilft auch sehr
bei Hausaufgaben und manch´ Frag´.
Und jeder Tag ist Muttertag.

Bei Liebe und der Pubertät,
wenn Jugend aus dem Lot gerät,
hilft nur Verständnis und kein Klag´.
Fast jeder Tag ist Muttertag.

Auch Ausbildung und Studium
bringt Sorge mit viel Drumherum
und finanziellem Fehlbetrag.
So mancher Tag ist Muttertag.

Wenn´s Kind dann endlich flügge ist,
es diese Zeiten oft vergisst,
sorgt sich ums Geld und den Ertrag.
Nur manchmal ist noch Muttertag.

Wenn Enkel stellen sich dann ein,
erst dann schätzt man die Mühen ein,
weiß nun, was es bedeuten mag:
Ein Dankeschön zum Muttertag!

Statt Blumensträuße dann zu schenken
sollt´ öfter man doch an sie denken,
weil man sie liebt und richtig mag.
Und jedes Mal sei Muttertag!

Anerkennung

Zwar ist es sicher nicht verpönt
der Ehefrau Nettes zu sagen,
doch sind wir längst daran gewöhnt,
umsorgt zu sein an allen Tagen.

Man nimmt das als gegeben hin,
und sie mal loben man vergisst
weil uns kommt ´s niemals in den Sinn,
dass sie vielleicht sowas vermisst.

Doch meckern, nörgeln oder streiten
dass sie vergessen ihre Pflicht,
das schaffen wir doch leicht beizeiten –
nur anerkennen, leider nicht.

Sie duldsam ist doch stets bemüht,
dass alles ist nach unsrem Sinne,
und sie das Leben uns versüßt.

Habt ihr vergessen denn die Minne?

Drum wär es richtig, dann und wann,
ein Lob auf sie wie ´n Rittersmann.

Zauberworte

Willst du am liebsten Streit vermeiden,
weil du dein Weiblein kannst recht leiden,
so merke dir bei dem Disput,
dass es zum Ende hin tut gut
wenn du ihn endest mit dem Satz:
„Ja, selbstverständlich lieber Schatz!"

Eine Frau verzeiht ihrem Mann sofort,
wenn sie sich geirrt hat.

(Christiane Hörbiger)

Verzeihung

Wenn eine Frau sich einmal irrt,
dann ist der Ehemann verwirrt,
dass sie die Tatsachen verdreht
und auf dem Irrtum noch besteht.

Will er den Irrtum ihr erklären
versucht sie dies gleich abzuwehren,
bis jedes Wort ein weit´res gibt,
weil Recht behalten sie sehr liebt.

Denn fängt er an zu korrigieren,
wird sie die Wahrheit boykottieren,
nein - die wir sie nie eingestehen,
weil das könnt´ er als Schwäche sehen.

Mit Fakten und mit Sachlichkeit
kommt er bei ihr auch nicht sehr weit,
denn sie hält tapfer ihm entgegen,
allein der weiblich Logik wegen.

Er wird erregt und ist empört,
dass sie der Irrtum gar nicht stört.
So lauter er die Stimme hebt
dass sie sein Argument versteht,
versucht ´s im Bösen wie im Guten,
ihr doch die Wahrheit zuzumuten.

Sie ist beeindruckt keinster Weise
ob er nun laut wird oder leise.
Nie wird der Irrtum aufgeklärt,
wenn er auch aus der Haut fast fährt.

Erst wenn sie hat das letzte Wort
verzeiht sie ihrem Mann sofort
und lenkt danach deshalb auch ein,
dass so ein Streit muss doch nicht sein.

Denn das Gewissen sie doch zwickt,
dass etwa noch durch den Konflikt
seine Gesundheit könnte leiden,
wohlmöglich gar von hinnen scheiden.

Weil, wenn bei ihm der Blutdruck steigt
er schnell zu rotem Kopfe neigt
und wenn am Hals die Adern schwellen,
könnt´ sich sogar gar ein Schlag einstellen,

Deshalb hat sie ihm gleich verziehen,
sogar dass er sie angeschrien,
und rät ihm, beim Versöhnungskuss,
welch´ Medizin er nehmen muss.

> Denn eins weiß sie: ´ne Trauertracht
> sie glatt 10 Jahre älter macht.

Übrigens hat die Freie Universität Berlin mit einem Team aus Wissenschaftlern in einem Projekt "Sprache der Emotion" untersucht, welches die kulturellen Bedingungen für das Verzeihen in Deutschland sind. Mit einem Studienergebnis hatten die Forscher dann aber doch nicht gerechnet: Es sind ausgerechnet die Männer, die eher bereit sind, zu vergeben. Warum das so ist? Diese Antwort muss erst noch gefunden werden - in einem zweiten Untersuchungsabschnitt.

Echo

Die Frau, die liebt im Urlaub sehr
den Norden und das weite Meer.

Die Alpen südlich mag sie nicht,
weil dort ein Echo widerspricht.

Was sie auch sagt an diesem Ort,
das Echo hat das letzte Wort.

Die liebe Frau doch jede Nacht,
sperrangelweit die Tür aufmacht.
Das ist im Sommer wirklich schön,
im Winter doch unangenehm:

Dann schlaf doch am Balkon

Du meinst, du brauchst die frische Luft,
sonst fühlst dich wie in ´ner Gruft.
Ich kann ja bibbern und erfrieren,
was scheint dich nicht zu interessieren.

Wenn ich zu Bett geh´ ist da schlicht
am Laken eine Raureifschicht,
weil stetig kommt der eisig Hauch
durchs offenstehend Fenster auch.

Dass ich hier frier – was macht das schon.
Dann schlaf doch du auf dem Balkon!

Mir kann es wirklich nicht gefallen
wenn knistern da die Eiskristallen,
sobald ich will ins Bett reinhupfen
und an der Bettdecke muss zupfen,
die steifgefroren wie ein Brett.

Nein, es ist wirklich nicht sehr nett.
Will man im Schlummer sanft versinken
muss ich zum Wärmen Grog erst trinken.
Der soll an solchen kalten Tagen,
die Kälte aus den Knochen jagen.

Schlaf am Balkon doch einfach du
und lass mir warm im Bett die Ruh´.

Ich freu´ mich, dass ich nach der Nacht
bin morgens lebend aufgewacht,
und bin zum Glück noch nicht erfroren,
auch wenn ich hab eiskalte Ohren.
Eiszapfen mir den Bart gar zieren
und auch die Zehenspitzen frieren.

Ich frag mich, ob ´ne Heizung lohnt,
wenn man mit dir im Iglu wohnt.
Ob Eskimos es nicht beschwert?
Und wie der sich da wohl vermehrt?

Du doch meinst nur, ich bleib so frisch,
damit ich deck den Frühstückstisch.

Kopfwäsche

Es ist noch nicht so lange her,
dass ich kriegte mal beizeiten
einen Termin bei dem Friseur,
um die Haare mir zu schneiden.

Zu ´nem Stuhl wurd´ ich geleitet,
wo das Haupt mir nass gemacht,
was mir Freude gleich bereitet´,
als man einschäumte mich sacht.

Bald genoss ich unterm Schaume,
wie die Kopfhaut wird massiert.
und ich spürte wie im Traume
wohlig was geschah versiert.

Und es duftet Haarschampoo,
was mich angenehm entzückte,
warmes Wasser noch dazu,
kurz bevor die Schere klickte.

> Wäscht mir meine Frau den Kopf,
> dann macht sie das nur verbal.
> Ich bin nur ein armer Tropf,
> habe ich verbockt was mal.

Meine Teuerste

Dass Frauen einfach anders sind,
in Wesen, Fühlen oder Denken,
bestimmend und die Männer lenken,
das lernt er schon klein auf als Kind.

Im Sandkasten, beim Fußballspiel,
nicht Sandburg zählt´ und Tore schießen,
denn Mädchen Jungs links liegen ließen,
weil dieses Können galt nicht viel.

Nur wenn man ihrem Willen diente,
vor andern sich zum Narren macht,
war hold sie dem, der ausgelacht,
weil er den „Puppen Papa" mimte.

Das ändert sich zur Pubertät.
Bei Teenies regten sich die Triebe,
sie warteten auf große Liebe,
dass neu wird die Priorität.

Der Jüngling Kumpels sucht zum Saufen,
und lässt auch gern die Muskeln spielen.
Sie braucht Bewunderung von vielen
und gibt Geld aus zum Kleidchen kaufen.

Nicht Klugheit ist gefragt, nicht Kunst,
das Interesse ist ihr fern.
Wenn er sie ausführt schenkt sie gern,
sobald er zahlt, ihm gern was Gunst.

Dann hat sie plötzlich irgendwann
auf einmal ihre Wahl getroffen.
Er darf auf´s Ehebündnis hoffen -
wenn er sie unterhalten kann.

Das Spielchen geht dann einfach weiter:
Sie drängt ihn und sie treibt ihn an:
´ne Frau steht hinterm starken Mann,
der hoch klimmt die Karriereleiter.

Nun darf er sie erst recht verwöhnen,
ihr jeden Wunsch vom Auge lesen
mit Kleidern schmücken, die erlesen,
und immer Zahlen ohne Stöhnen.

Sie sieht stets aus wie eine Elfen,
geschminkt und auch genagellackt,
dass keinen Wischmopp sie anpackt -
drum darf er ihr im Haushalt helfen.

Ein Swimmingpool mit großen Haus,
ein dickes Auto muss es sein,
was nie sie selbst kann parken ein,
und Leben nur in Saus und Braus.

Man sich bewegt in „bessren" Kreisen,
wo sie herausgeputzt sich zeigt.
Er sorgt für alles und er schweigt.
Nach Übersee geh 'n stets die Reisen.

Er „Meine Teuerste" sie nennt,
denn was durch Arbeit kommt ins Haus,
gibt sie mit vollen Händen aus.

Nicht ohne Grund - wenn man sie kennt.

> Doch geb ich zu, nicht jede Frau
> entspricht dem bitterbösen Bild.
> Die meisten sind eher gewillt,
> sich brav zu zeigen oder schlau.

> Dass er sich fühlt bei ihr geborgen,
> glücklich mit ihr zusammenlebt,
> weil sie nach andren Werten strebt
> und ihm bereitet keine Sorgen.

> Ist ihm die Liebste auf der Welt.
> Und er, er pfeift auf´s liebe Geld.

Kreislauf des Lebens

Vater werden ist nicht schwer,
Vater sein dagegen sehr.

Stolz ist man, wenn ´s Baby da,
süß das kleine Erdenkind,
doch Geschrei und Trallala
manchmal doch sehr nervig sind.
Folgen dann noch ein paar mehr,
ist die Ruhe ganz vorbei.
Allerdings freut man sich sehr,
bei Geschmus´ und Spielerei.

Mit der Tochter Püppchen schmücken,
Fußballspielen mit dem Sohn
und man freut sich mit Entzücken,
wenn zur Schule geh 'n sie schon.
Dann heißt ´s Nachhilfe zu geben,
was die Lehrer nicht geschafft,
um die Bildung zu erstreben,
dass für Zukunft Geist und Kraft.

Ist auch dieses dann gelungen,
kommt die Zeit der Pubertät.
Und es raten weise Zungen
wie man sie gut übersteht.
Wie man heilt die Mädchenherzen
bei den ersten Liebesschmerzen,
wie ein forscher Junge kann
sich entwickeln zu ´nem Mann.

Auch bei Lehre, Studium
ist noch Hilfe angebracht.
Doch sind die mal endlich rum,
froh das Vaterherz nun lacht.

Kinder steh´n auf eignen Beinen
und man denkt: Nun gibt es Ruh´.
kann sich widmen Hobbys – eignen...
Kommt ein Enkel flugs dazu.

Und das Spiel beginnt von neuem,
und die Ruhe ist vorbei:
Sollst als Opa dich nun freuen
über Trallala, Geschrei.

Doch das Leben hat Erbarmen,
wenn bald geht die Jugend heim.
Sitzt danach ruhig im Warmen
und kannst dich am Alter freu´n.

Da war doch was

Da war doch was in alten Zeiten.

Der Schicksal schmunzelt nur dazu.
Melancholie will sich verbreiten,
wenn sich das Alter setzt zur Ruh.

Vorbei das Stürmen und das Drängen.
Was wollte man doch noch erreichen,
was in den Tageslauf noch zwängen,
was noch erstreben ohne gleichen?

Was wollte man sich noch aufbürden,
was tun, dass man im Lichte steht,
welch Amt und damit welche Würden,
dass die Karriere weiter geht.

Doch mit der Zeit, da wird man still,
staunt nur noch über manches Neuem,
und nichts erstreben man mehr will.
Will sich nur noch etwas erfreuen.

Hat Freude an der Jugend Toben,
die vieles wollen ausprobieren,
ermuntert sie und kann sie loben,
anstatt sich drüber zu monieren.

Nimmt ´s mit Humor ganz froh und heiter,
wie sich das Leben ändert sacht,
kann freuen sich noch lange weiter.
und ab und zu man selbst mitmacht.

Entschleunigung

Man gern über die Rentner sagt,
die mehr und weniger betagt
ihnen sei Hetzte einerlei,
denn sie hätten ja ständig frei.

Doch kann ich selbst nun aus Erfahrung
- ich hab ja auch schon viele Jahrung -
bemerken, dass das gar nicht stimmt,
weil man sich stets zu viel vornimmt.

Ob Garten, Hobbys, ob Verein,
fällt einem was zu tun oft ein.
und pflegt man noch ein Ehrenamt
reicht nie die Zeit so insgesamt.

Und um Bekanntschaft, Freundschaft pflegen
fährt man im Auto oft auf Wegen,
was sehr viel Zeit im Stau dann kostet –
das Auto fast im Stehen rostet.

Selbst wenn man geht nur was Flanieren
will man auf Grüße reagieren,
vertieft sich gern in Plauderei
und schon sind Stunden schnell vorbei.

Dem Schicksal aber kann ´s gelingen
uns doch zur Ruhe mal zu zwingen.

Nun scheint die Zeit fast still zu stehen,
wenn kein Bekannter, Freund zu sehen,
kein Bummel, kein Termin ganz klein...
Man ist auf einmal fast allein.

Doch hat man Zeit! Man ist verblüfft,
weil das so unverhofft eintrifft.

Zeit, um einmal ein Buch zu lesen,
zum Nachdenken, was ist gewesen,
zum Träumen, was noch könnte sein,
und auch zu dichten manchen Reim.

Auch Zeit, um endlich das zu tun,
was vorher ließ man lange ruh 'n.

Sortieren endlich alte Sachen,
Musik mal wieder selber machen,
ganz ohne Hetzen oder Eilen.
Und Zeit untätig zu verweilen.

Vielleicht war dringend es von Nöten
dem Müßiggang ein Lied zu flöten,
der uns zur Einsicht will verführen
die Zeit minütlich fast zu spüren,
was uns im Nichtstun dann verzückt,
wenn wir genießen wie sie tickt.

Die Gegenwart bewusst empfinden,
zur Ruhe mal zurückzufinden
und dabei merken wie das Leben
kann uns so viele Freude geben
in Alltagsdingen, was wir sehen.

Und wir zufrieden jetzt verstehen!

Metamorphose

Silberfäden zieh´n durch ´s Haar,
das am Kopfe uns umwallt.
Unbestreitlich ist es wahr
als ein Zeichen: Man wird alt –
    wenn es nicht vorher ausfallt.

Es betonen die Figur,
nicht wie früher es mal Brauch,
Bizeps-Rundung die Kontur,
sondern eher unser Bauch –
    meist in Rollen mehrfach auch.

Von athletischer Natur
unser Gang, frisch, federleicht,
ähnelt heut´ ´ner Kreatur,
die ´nem Dinosaurier gleicht –
    wenn gebückt man umher schleicht.

Unsre Stimme, einst sonor,
wenn ein Lied man mitgesummt,
heute nichts mehr mit Tenor,
nur als Bass man tief mitbrummt –
    oder besser gleich verstummt.

Was der Jugend musste weichen,
das erkennst du irgendwann,
sind doch nur die äußren Zeichen,
denn im Alter wächst heran –
    erst das wahre Kind im Mann.

Wackelkontakt

Es ist so ein Sache mit dem Alter,
man glaubt, man sei sein Selbstverwalter,
doch manchmal, während man´s gedacht,
wird ´s im Gehirn auf einmal Nacht.

Das Licht geht aus; man steht nur dumm
beim Stromausfall im Dunkel rum.

Vergessen, was man wollte tun,
handelt man einfach weiter nun,
um schließlich jäh dann zu entdecken,
ganz unerklärlich und mit Schrecken,
dass dies Ergebnis nicht bezweckt,
und ´s Teufelchen im Detail steckt.

So manche Dummheit man so macht,
über die hinterher man lacht,
oder erledigt nicht die Sachen,
die sowieso kaum Freude machen.

Wird ´s im Gehirn dann wieder hell,
erkennt im Lichte man dann grell:
Die Erde dreht sich froh und heiter
trotz alledem munter sich weiter.

Nichts Schlimmes ist derzeit passiert,
nichts Wichtiges hat so pressiert
dass eigentlich war es egal,
hat man mal einen Stromausfall.

So manchmal die Vergesslichkeit
hält Gutes uns sogar bereit:
   Nur eines will ich hier benennen:
   Man lernt viel neue Leute kennen...

Selbstgespräche

Es lebt oft in dem eignen Heim
so mancher Herr im ält´ren Alter
zuhause für sich ganz allein
und ist sich selbst nur Unterhalter.

Niemand will seinen Alltag stören,
doch schön ist das Alleinsein nicht.

Zwar helfen Hobby, Musik hören,
doch fehlt ihm, dass man mit ihm spricht.

Keiner, der zuhört, was er sagt,
keiner, der seine Ansicht teilt.
keiner, der weiß, was ihn so plagt,
weil niemand sonst im Hause weilt.

Das Selbstgespräch füllt ihm die Lücke,
wenn er sich selber hört nun zu,
und er dadurch mit List und Tücke
ist jetzt zu zweit in einem Nu.

Wägt mit sich ab das Für und Wider,
gibt Antwort selber sich auf Fragen,
wechselt die Meinung hin und wieder
und kann ´s Alleinsein nun ertragen.

Kann Alles nun mit sich besprechen,
und hat auch in der Einsamkeit,
bei Zweifel über Gut und Schwächen
einen Gesprächspartner zur Seit´.

Und niemals gibt es einen Streit.
wenn er ist so mit sich zu zweit,

> Die Freude wird nur dann erschwert,
> wenn Neues er dabei erfährt!

Senioren

Ja, gäbe es nicht die Senioren,
ging aller Wohlstand schnell verloren,
denn lebt nicht wohl die halbe Welt
von der Senioren ihrem Geld:

Vor allem sicher braucht man ihn
ganz dringend für die Medizin:
Den Ärzten wär´ das eine Qual,
füllten sie nicht den Wartesaal?

Wer stöhnt stets über Rückenschmerzen,
hat steten Druck am schwachen Herzen?
Wer schreitet stolz voll Heldentum
mit neuem Hüftgelenk herum?

Wer lässt sich meistens denn im Rachen,
Gebiss und neue Zähne machen?
Manch´ Zahnarzt müsste Däumchen drehen,
ließ sich bei ihm kein Rentner sehen!

Auch Augenärzte, wunderbar,
die leben gut vom grauen Star!
Und jedes Jahr auch neue Brillen,
die ihm sein Konto wollen füllen.

Wer sonst ist denn so häufig krank,
wer stapelt Medizin im Schrank
und füllt so Apothekenkassen,
wenn Rentner kommen nicht in Massen?

Die Rentner sind 's immer gewesen,
die stützen das Gesundheitswesen!

Wer fährt denn heute noch zur Kur?
Meist sind es doch Senioren nur!
Gäb´ es die Rentnerschar nicht mehr.
wär 'n Badeorte menschenleer.
Auch Parkbänke würden verwaisen,
säßen dort nicht rüstige Greisen!

Hotels und auch Reisebüro
wär 'n ohne Rentner nicht mehr froh.
Mallorcas Strände wären leer,
gäb 's dort nicht das Seniorenheer.

Im Winter dort wohl in der Sonne
sind sie der Händler größte Wonne,
weil sie sich ganz ohne Bedenken
im Lebensabend selbst beschenken.

Manch Caféhaus das müsste schließen,
wenn sie die Torten nicht genießen.
Auch manche Kneipe wär fast leer
gäb es die Rentner da nicht mehr.

Wer stürzt sich in den Einkaufsrummel,
weil er hat Zeit für einen Bummel?
Manch Kaufhaus müsste längst schon schließen,
wenn 's Angebot sie nicht genießen.

Sie kaufen ein für Enkel, Nichten,
um zum Besuch sie zu verpflichten,
zur Weihnachts-, Oster-, Jederzeit,
und zu entgeh 'n der Einsamkeit.

Auch Autohäuser und -werkstätten,
wenn die Senioren nicht mehr hätten,
träf' sie 's Bankrott als hartes Los,
denn wer sorgt dann für Arbeit bloß?
Die Beulen dengeln, Achsen richten
die Räder wuchten mit Gewichten,
und wird das Aussteigen zu schwer
muss auch ein neues Auto her.

Die Rentner sind 's, die allen nützen
und so die Wirtschaft kräftig stützen!

Drum meckert nicht, wenn an den Kassen,
sie dich in Schlangen warten lassen.

Rentnerbeschäftigung oder das Vogelhäuschen

Seit ich in Rente bin gegangen
liegt meine Burgfrau mir im Ohr,
ich wüsst´ Gescheit´s nicht anzufangen,
so käme täglich ihr das vor.
Vertrödle Zeit und säß´ nur rum
tät alten Krempel nur sortieren.
Ihr wäre das schon lang zu dumm,
statt sinnvoll zu agieren.

Der Kellerraum sei vollgestellt
mit Werkbank und Maschinen
und weil es ihr so sehr gefällt,
da könnt´ das dazu dienen,
ein Vogelhäuschen, hübsch und fein,
zu bauen, unten, drinnen.
Das könnt´ schon morgen fertig sein,
würd´ ich nur gleich beginnen.

Da bin ich aber sehr verwirrt,
denn für ´nen Häuschen Bau
– sich meine Burgfrau richtig irrt –
macht man sich erst mal schlau
und fängt nicht an direktemang
eh´ man sich daran traut.

Im Baumarkt schau ich stundenlang,
wie die dort sind gebaut:

Da stehen große oder kleine,
ganz einfach oder kompliziert,
ganz grobe oder zierlich feine,
doch keines ist klimatisiert.
Ganz bunte oder einfach schlicht,
gedeckt mit Schindeln, Pappe,
nur Schornsteine haben die nicht,
nicht einmal als Attrappe.

Im Kopf hab ich nun einen Plan,
wie ´s Häuschen soll aussehen,

48

um dann nach meinem Bastelwahn
im Garten wird dort stehen.

Als nächstes brauch´ ich Material,
wie Birkenstamm und Bretter,
es ist ja schließlich nicht egal,
wenn ´s draußen steht im Wetter.
Da kommt es mir noch in den Sinn
– das müsste doch auch geh ‘n –
mit ´ner Beleuchtung innen drin,
dass wir die Vögel seh´n.

Auch eine Heizung wär´ nicht schlecht,
im Winter ist´s ja kalt.
Das wär´ den Vöglein sicher recht.
Drum fang ich an alsbald:

Gesägt wird nun und auch geleimt,
genagelt und geschraubt,
und langsam wird ´s ein Haus, mir scheint,
wie ´s keiner hätt´ geglaubt:
Drei Stockwerk hat das schöne Stück,
für Spatzen, Fink und Meise,
und – nun beleuchtet auch zum Glück –
lädt ´s ein zur Vogelspeise.

Mit Fenstern gar aus Cellophan,
das schützt die Vögelchen bei Wind,
und einer Vogellandebahn
an der blinkende Lichter sind.
Ein Meter breit, ´nen halben hoch,
auf einem dicken Stamm,
hat ´s Platz für Scharen Vögel doch
und Futter glatt 2000 Gramm.

Als in den Garten ich ´s gebracht,
voll Stolz auf das vollbrachte Meisterwerk,
jäh meine Burgfrau hell auflacht:

„Dies sei wahrlich ein Augenmerk!
Ob damit Uhus auch und Raben
endlich ein Platz zum Fressen haben?"

Ich hätt´ erwartet etwas Dank
statt diesem spöttisch´ Satz.

Doch räumt sie fort die Gartenbank
und macht für ´s Häuschen Platz.

Rentnerpanzer

So wie früher ist ´s nicht mehr,
die Fahrzeugart in dem Verkehr.
Nicht Kleinwagen und Mittelklasse,
nur Es-Juh-Wie (SUV) sieht man in Masse.

Geworben wird in Text und Bild
für die Boliden grad wie wild,
mit Größe und mit Pferdestärken,
die produziert in Autowerken.

Ob der Verbrauch, ob das Gewicht,
das spielt wohl keine Rolle nicht.
Ob Klimawandel, Erdöl Not,
das alles interessiert kein Lot.
Man strunzt sogar noch lauthals auch,
dass er nur Sprit 12 Liter brauch´.

Man sitzt erhöht und kann gut seh´n
weshalb grad Rentner darauf steh´n.
Vor allem, selbst mit alten Knochen,
wird nicht ins Auto rein gekrochen,
nein, leicht der Einstieg ist und schön,
grad wie beim Sessel so bequem.

Wenn der geparkt so lang und breit
braucht der zwei Plätze lange Zeit,
denn Rentner haben Zeit beim Kaufen
und wollen niemals zu weit laufen.

Kaum wird so ´n Ungetüm entdeckt
dies sogleich den Respekt erweckt
und jeder wird sofort ausweichen,
wenn SÜVs über die Straßen schleichen.

Der Fahrer vom erhöhten Platz
nimmt nie teil an der Autohatz,
fühlt sicher sich in dickem Blech
und kommt nicht von der Stelle wech.

Selbst in die dichten Verkehrslagen
kann er sich mit dem Panzer wagen.
Ob Regeln oder Schilderwald,
er schafft sich Vorfahrt - bis es knallt.
Drum nimmt ein jeder sich in Acht,
weil das gleich dicke Beulen macht.

So manch ein Käufer es erwog,
er nimmt was aus dem Katalog,
denn leider ist dies Ding noch ohne
´ne eingebaut Bordkanone.
Dann, wenn die andern fahr´n wie Affen,
könnt schnell den Weg er sich frei schaffen.

Ich frag´ mich, ob ´s für ihn am Schluss
ein XXL-Sarg auch sein muss,
worin man liegt sehr angenehm,
ganz komfortabel und bequem.

Jeder will was werden
seit er hier auf Erden:

Der eine will nur werden groß,
ein andrer viel verdienen bloß,
und mancher will auch Amt und Macht!
Wohin das führt, gebt nun fein acht:

Der Werdegang

Wenn darin keine „–erde-" wär´
dann wär´s kein Werdegang nicht mehr.
Doch wie soll man das Leben füllen
um den Karrieredrang zu stillen?

Mit „-ehr-´" wird es gar kriegerisch,
und ich behaupte frevlerisch,
dass Ellenbogentaktik oft
ihn fördert, manchmal unverhofft.
(Wehrgang)

Mit „-ahl-" es meistens besser geht,
wobei danach so mancher steht
im Amt, das er so nicht gewollt
wenn andre meinen, dass er sollt.
(Wahlgang)

So mancher Werdegang mitunter,
führt auch, wenn er ist mit „-eltunter-"
zu einem Ende, das mit Schrecken
am Anfang man konnt´ nicht entdecken.
(Weltuntergang)

Und kommt es danach uns sehr dumm
geistert mit „-ieder-„ man herum,
und schreckt so manchen, dass er bang,
viel länger, als ein Leben lang.
(Wiedergang)

> Nun endet ohne Sang und Klang
> mit „-eg-" mein Wortspiel Abgesang.
> (Weggang)

Juristen

Lernst Du mal die Juristerei
bist Du bei allen Jobs dabei!
Dich fragt kein Mensch, ob Du was kannst,
wenn Du Dich „Rechtsanwalt" benamst.

Mit diesem Titel Du gehst weiter
empor auf der Erfolgswegsleiter,
und kannst bei Firmen und Gerichten
Dich nun zur Arbeit dort verpflichten.

Gewieft nutzt Du die Paragraphen,
verhinderst Streitigkeit und Strafen
denn Du, geprüft als ein Jurist,
stets bei Verträgen findig bist,
selbst wenn rein gar nichts spricht dafür,
erkennst Du doch die Hintertür.

Die ebnet Wege Dir und Türen,
die hoch Dich zur Karriere führen,
und steigst hinauf ganz ungebremst,
weil Du´s „Peter Prinzip" nicht kennst.

Natürlich steht es Dir auch frei,
dass du eröffnest ´ne Kanzlei,
wo Du den Schlimmen oder Bösen
hilfst, deren Probleme zu lösen,
gibst allen ungefragt gern Rat
in Wort und Brief und manchmal Tat.

Ein jeder „Freund" Dich gerne heißt,
wenn dessen Unschuld Du beweist,
und vor Gericht Dich gut benimmst,
so dass Du jeden Fall gewinnst.

Doch leider – ja so ist es eben –
geht manches auch einmal daneben:

> Gewinnst Du einen Fall mal nicht
> kriegst Du zum Feind den Bösewicht.

Der Lehrer

In ersten Klassen ist beliebt
die Lehrerin, die Bonbons gibt
für gute Leistung und Betragen
und lobend dies den Eltern sagen.

Doch wenn es später Noten gibt,
ist sie ganz schnell nicht mehr beliebt.
Denn sie bewertet, was man weiß,
und noch dazu den eignen Fleiß.

Man mogelt und man windet sich,
und man bemerkt, ganz ärgerlich,
dass Lehrer sind darin erfahren –
wohl aus den eignen Schülertagen.

Sie scheinen jeden Trick zu kennen,
Spickzettel blind bemerken können,
beim Vorsagen sie uns ertappen,
und uns beim Abschreiben stets schnappen.

Man muss tatsächlich lernen, büffeln,
und so vermeiden böses Rüffeln.
Nur Fleiß und Eifer ist geboten,
dass es zum Schluss gibt gute Noten.

Ist erst die Schule mal vorbei
und man im Arbeitseinerlei,
man nicht die Quälgeister vergisst,
ja, dankbar doch den Lehrern ist,
denn sie haben uns beigebracht:

      Nur eignes Lernen wissend macht.

Der Zauberer

Dort auf der Bühne ist zu seh'n
ein Zauberer im Frack so schön,
der will das Publikum erstaunen,
dass sie ungläubig sich zuraunen,
„Wie geht das nur, was er gebracht?
Hat wirklich er was Zaubermacht?

Verblüffung über 'n Blumenstrauß,
den er aus Tüchern zaubert raus,
aus dem Zylinder hüpft gar fein
heraus ein weißes Häselein,
und andre Sachen noch geschehen,
wo vorher war gar nichts zu sehen:

Aus leerem Rohr, wo man durchschaut,
'ne weiße Taube sich raustraut,
und mit 'nem fürchterlichen Knall
es rieselt silbern überall,
wie auch blitzschnell in seinen Händen
paar Bälle auf einmal verschwänden.

Zum Höhepunkt, fast ganz am Schluss,
er sich fast überbieten muss
und sagt, dass er es schafft, wie wahr,
dass er zersägt 'ne Jungfrau gar.

Doch leider zu dem Missgeschick,
'ne Jungfrau gibt 's nicht für den Trick.
Zumindest ist niemand zu schauen,
die sich dafür so recht will trauen.

Dann meint ein Mann aus dem Parkett,
er würd' gern seine Frau rauf schicken,
wenn er sie steckt vor allen Blicken
dort in 's Verschwindekabinett.

Schornsteinfeger

Es spotten nur im Spiel die Kleinen
mit „Wer hat Angst vorm schwarzen Mann!"
Dann flitzen sie auf kurzen Beinen,
dass keiner sie einfangen kann.

Doch wird aus Kläuschen dann ein Klaus„
weiß man den „ Schwarzen" wohl zu schätzen,
vor allem, wenn man hat ein Haus.
Und, statt mit Spott ihn zu vergrätzen,
man für den Schornsteinfeger schwärmt,
der emsig sich darum bemüht,
dass uns der Ofen wohlig wärmt
und Rauch nur durch das Rohr abzieht.

Er scheut sich nicht vor Schmutz und Ruß,
fegt sauber jedes Ofenrohr,
damit niemand befürchten muss,
dass Feuersbrunst loht sonst empor.
Nur hinter ´m eisern Ofentürchen
da soll das Feuer fröhlich flammen,
vor dem, zum Lesen von Lektürchen,
wir kommen gern zum Tee zusammen.

Weil doch der Schornsteinfegermann
verhindert so mit viel Geschick,
dass uns das Haus abbrennen kann.
verbinden wir mit ihm das Glück.
Man findet es sogar noch putzig,
wie es der Redensart nach frommt,
und macht sich gern die Finger schmutzig
wenn man vom Glück was abbekommt.

Nur meckert später dann man laut,
wenn er ist er nach dem Fegen weg,
und man zum Schornsteintürchen schaut:

Zurück bleibt oft sein schwarzer Dreck.

Fee in Weiß

Wenn ich ´nen Unfall einmal hätte,
läg´ gern ich in dem Krankenbette,
in dem umsorgte mich ´ne nette
selbstbewusste, hübsch kokette
    Krankenschwester, ganz in weiß,
    selbst wenn ich nicht den Namen weiß.

Ich täglich dann am Bette sie säh´
wie eine liebe gute Fee
und würde jammern ach und weh,
dass sie nur wär´ in meiner Näh´,
    denn schon allein der Augenschmaus
    trieb mir sofort die Schmerzen aus.

Ich brauchte nur etwas zu stöhnen
käm´ sie, mich mitleidig verwöhnen,
woran ich mich könnt´ gern gewöhnen,
solang die Krankenkass´ muss löhnen.
    Und schenkt´ ein Lächeln sie mir dann,
    spielt´ weiter ich den schwachen Mann.

Und außerdem, was wichtig ist,
sie mich beim Rundgang nie vergisst,
Tabletten bring zur rechten Frist
dabei die Dosis recht bemisst,
    damit durch ihre Medizin,
    sie kriegt´ mich richtig wieder hin.

Ich hielte es noch lange aus,
selbst wenn gesund, ging ich nicht raus,
weil, wenn verlass ich ´s Krankenhaus
wär´ auch vorbei der Augenschmaus.

    Denn meine Frau kann nicht verstehen,
    nur weißgekleidet noch zu gehen.

Dumm gelaufen

Gibst du dein Portemonnaie mal her
der Frau zum Kleider kaufen,
und ist es hinterher ganz leer, -
so ist das dumm gelaufen!

Hilfst in der Küche du einmal
und stehst vorm Scherbenhaufen
weil von der Wand stürzt das Regal -
dann ist das dumm gelaufen!

Lässt Wasser in die Wanne ein
voll bis zum Überlaufen
und rutschst beim Einstieg du hinein -
so ist das dumm gelaufen!

Hast du poliert dein Auto fein,
um bald es zu verkaufen,
doch fährt ein andrer dir dann rein -
so ist das dumm gelaufen!

Stehst an der Theke du bei Bier,
wo andere sich raufen,
doch muss du trotzdem auf´s Revier -
dann ist das dumm gelaufen!

Kommst du zur Party irgendwann
und denkst, du kannst frei Saufen
doch zahlst die Zeche selber dann -
dann ist das dumm gelaufen!

Hast mit´nem Mädchen Rendezvous,
nestelst an Mieders Schlaufen,
und deine Frau kommt da dazu -
so ist das dumm gelaufen.

Ist´s Baby einer Freundin da,
sollst Pate sein beim Taufen,
und nennt man dich danach „Papa" -
dann ist das dumm gelaufen!

Kommst du am Bahnhof angehetzt.
dass du kannst kaum noch schnaufen
doch siehst das Schlusslicht nur zuletzt -
dann ist das dumm gelaufen!

Geht einem alles schief statt glatt,
so recht zum Haare raufen,
doch du nur eine Glatze hast -
so ist das dumm gelaufen.

Spiegelei

Bin ich am Morgen müd und matt,
da liegt am Frühstücksteller platt
ein frischgebrat´nes Spiegelei,
das spiegelt mir mein Konterfei.

Bevor mich packt das kalte Grauen,
mich früh am Morgen anschauen,
greif ich zu Gabel und zum Messer
und werd´ zum Frühstücksei-Aufesser.

Beim Augenarzt

Wie ich zur Brille kam? Wollt ihr es wissen?
Ich hab´ versucht, den Hund zu küssen,
statt meine Frau! – Ich bin nicht dämlich,
doch er schien mir ihr ziemlich ähnlich.

Als sie es merkt, erbost sie schreit:
"Du gehst zum Augenarzt noch heut´!
Die Sehkraft wird mir doch zu schlecht,
du findest dich nicht mehr zurecht!"

Ich mach sogleich einen Termin
und fahr zum Ärztehaus dann hin.
Leicht hab´ den Weg ich nicht gefunden,
gestehe ich ganz unumwunden,:
An fünf Autos schramm´ ich vorbei –
erfahr´ ich von der Polizei.

Den Eingang find´ ich ziemlich bald,
am Türstock auch den Schilderwald
aus Blech geprägt. Zum Glück, das passte,
und jedes einzeln ich abtaste:

"Im 9ten Stock", kann ich erspüren
und eile zu den Fahrstuhltüren.
Dort hab ich einen Knopf erwählt,
den vorher ich hab abgezählt.

Die Sprechstund´hilfe weist, wie immer
arbeitsvertieft, zum Wartezimmer,
in dem ich heut´ nur Frauen find´.
„Werden nur Männer langsam blind?“

Zwei Stunden sitz´ ich wartend schon,
Zeitschriftenberge lachen Hohn,
dann bin ich dran. „Bitte Raum zwei“,
tönt ´s übers Mikro, „der ist frei.“

Ich geh´ hinein – ein spitzer Schrei –
es war nämlich Raum Nummer drei.
Die Frau war jung und hübsch – und nackt!

Ein leiser Zweifel mich nun packt:
„Wozu muss man sich denn entkleiden",
frag ich mich „bei ´nem Augenleiden?"
Nur noch in Unterhose wart´ ich dann
bis zur Visite ich bin dran.

Der Doktor, der mir öffnet, lacht:
"Was denn ein Mann bei ihm hier macht?!"
Ich stürz´ hinaus, erkenn´ verschwommen,
ich bin zum Frauenarzt gekommen!
Statt hier im Stockwerk Nummer 10
muss ich ein Stockwerk runter geh 'n.

Ich eil´ zur Augendoktorpraxis runter,
wo Hilfe ich erhoff´ – profunder.
Jetzt bin ich vorsichtig und frage,
ob ich auch in der richtigen Etage.

Der Doktor nimmt mich hier gleich dran
und fragt, was ich noch sehen kann.
Sogleich erzähl´ ich das Malheur
und dass es meine Frau wohl stör´.

Er meint danach, warum genau
verwechselt hab´ ich Hund und Frau,
brauch zu erklären ihm es nicht.
Schon viel zu schlecht sei meine Sicht,
weil ich sprech´ hin zur weißen Wand,
obwohl er neben mir doch stand.

Er hat die Augen inspiziert,
und mich anschließend instruiert:
"Legen den Kopf Sie ins Gerät",
– verzweifelt hab ich rumgespäht –
"seh´n Sie die Zahlen an der Wand?"

Dort ich nur dunkle Flecken fand,
wie ich auch blinzle und verharre,
zur Tafel hin, auf die ich starre,
und muss dem Arzt ehrlich gestehen:
„Ich kann dort keine Zahlen sehen."

Mit seinem Linsenarsenal er macht
viele Versuche, was nichts bracht´.
Zuletzt setzt er gar Glasbaustein´
als okulare Hilfe ein.
Die Zahlen blieben unerkannt!

So er zur Diagnose fand:

„Gestatten, dass ich ...“ fragt er milde
... den Hund zum Blindenhund ausbilde?“

Die Pille

In einem Haushalt irgendwo,
da hing im Bad, grad über ´m Klo,
mit rotem Kreuz ein weißer Kasten,
in den hinein Arzneien passten.

Dort drin, den Blicken noch verborgen,
da macht sich eine Pille Sorgen,
ob man sie findet und auch nimmt
zum Helfen, wie ihr vorbestimmt.

Sie kann fast alle Schmerzen lindern,
bei den Erwachs´nen, wie auch Kindern.
und macht dem Wehleid den Garaus.
Ist unentbehrlich so im Haus!

Doch zwischen Dosen, Tuben, Flaschen
Verbandszeug und Gummigamaschen,
und allen Schachteln, die rumstehen
kann man sie leicht auch übersehen.

Darum will sie nach vorne rollen,
vor die Arznei 'n, die helfen sollen.
Während sie rollt und drückt und schiebt,
staunt sie, was es noch alles gibt:

In einer Flasche sie erblickt
Arznei, wenn´s Zipperlein mal zwickt.
Die Kapseln, die lackroten-grünen

wohl gegen Magendrücken dienen.
Des Weiteren sind auch noch da
Dragees bei Influenzia,
auch Kapseln mit Vitamin C,
Pastillen gegen Halswehweh,
Ginseng-Extrakt-Intelligenz,
Tabletten blau für die Potenz,
Zäpfchen, die nicht oral sind, weil
man nimmt sie ganz am Gegenteil,

Tabletten, die zum Schlafen nützen,
und Pasten, die den Magen schützen,
so kleine Pillchen zum Verhüten,
auch Abführtee in braunen Tüten,
ein Nasenspray und Hustensaft,
der auch den stärksten Husten schafft.

So rollt sie weiter hin zur Türen,
vorbei an Tropfen, die abführen,
auch an Tinkturen kurzerhand,
an Wundpflaster und Schnellverband,
an Baldrian zum Nerven stillen,
Ilja-Strogoff´s Knoblauchpastillen,
an Wundsalbe vor Infektion, ...
bis sie sich naht der Schranktür schon.

Sie drängt sich vor und ist schon froh,
doch liegt im Weg ein Placebo!
Das scheint der Pille sehr zu gleichen
und will partout kein Stückchen weichen.

Der Hausherr, nach durchzechter Nacht
mit einem Kater aufgewacht,
die Pille sucht. Doch noch benommen
hat er die falsche eingenommen.

Beraubt des Zwecks, die Pille, so
stürzt lebensmüde sich in ´s Klo.

Fazit: Soll Dir was helfen, gut und recht,
        achte darauf, dass es auch echt!
Vor allem, lesen Sie die Packungsbeilage und fragen Sie Ihren Arzt oder Apotheker!

Am Amt

Musst irgendwann du mal zum Amt,
für Anmeldung, Bescheinigung,
bist du von vornherein verdammt
zur Wartezeit auf Abwicklung.

Nicht nur, weil viele Menschen warten,
die wollen ähnliches wie du,
am Amt da hast du schlechte Karten,
weil der Papierkram kommt hinzu.

Der Amtsschimmel, der wiehert kräftig,
und tritt nach allen Seiten aus,
denn Vorschriften machen geschäftig
ein jeden im Behördenhaus.

Erst musst du eine Nummer zieh´n
um ´s Anliegen mal vorzutragen,
und übst dich brav in Disziplin
bis in ´s Büro darfst du dich wagen.

Der Mensch, der sich mit dir beschäftigt,
ist meistens freundlich, doch gleich dann
wird ´s mit den Formulare heftig
die man danach ausfüllen kann.

Nach ein paar Stunde Wartezeit
warst du grad zwei Minuten drin,
nun dauert es ´ne Ewigkeit,
bis du erfasst der Bögen Sinn.

Es sind nicht nur die vielen Seiten,
in denen man die Lücken füllt,
es sind viele Unwägbarkeiten
dass dir der Kamm ganz langsam schwillt:

Wie heißt vom Ausweis deine Nummer,
den heute hast du nicht dabei,
auch macht die Vorgangsnummer Kummer
die anzugeben nötig sei.

Seit wann, das will man auch noch wissen,
wie lang, wird ebenfalls gefragt,
du grübelst nach wahrheits-beflissen
doch dein Gedächtnis dir nichts sagt.

Auch fehlen dir, du merkst es schnell
zur Vorlage ein Dokument
und ein Attest ganz aktuell,
sowie die Vollmacht im Moment.

Inzwischen ist es auch zwölf Uhr.
Das Amt macht nun die Mittagspause
und nachmittags ist stets Klausur,
so dass du heute gehst nach Hause.

Erst morgen um dieselbe Zeit,
kannst du zum Amt dann wieder hin.
Hast alle Sachen nun bereit
und hoffst, dass sie vollständig sind.

Nur eines lässt sich nicht umgehen:
Du musst erst wieder Schlange stehen.

Eile

Der Wecker hat mich nicht gestört,
weil ich ihn hab´ wohl überhört.
Bin morgens spät erst aufgewacht.
Da ist es schon ganz kurz vor acht.

    Auch meine Frau daneben schlummert
    und sich um mich rein gar nicht kummert.

Zum Dienst bleibt nur ´ne halbe Stunde.
Das Bad ich peripher erkunde
und mach mit Deo und Zahncrem´
mich etwas umwelt-angenehm.

Im Schrank nach Kleidung muss ich wühlen,
ein Teil hängt noch herum auf Stühlen.
Ich fluche und stell´ fest erschrocken:
Der Schlips passt gar nicht zu den Socken.

    Die Frau leis´ murmelt was von „Kind",
    und dass die unselbständig sind.

Erbost geb´ ich mir noch mehr Mühe,
ich Schubladen suchend aufziehe
und reiße mir ´nen Splitter ein,
im morgendlichen Dämmerschein.

Da ich in Eile und voll Hast
hab´ ich nicht richtig aufgepasst,
und mach´ mir mit dem Blut ´nen Fleck
auf ´s Hemd, den krieg ich nicht mehr weg.

    Die Frau meint nur, als sie aufblickt
    „Ohgott, wie bist du ungeschickt".

Von vorn die Prozedur beginnt
beim Umzieh 'n mir die Zeit verrinnt
und weil ich bin in Zeitesnöten
geht mir dabei ein Knopf noch flöten.

Doch endlich, denn es ist halb Neun,
kann ich mich auf den Tag heut´ freu´n:
Adrett geb´ ich der Burgfrau Ruhe. –
Ach ja, es fehlen noch die Schuhe.

Die Frau murrt noch „Was für ein Krach"
und dass die Tür ich leis´ zumach´.

Grad weil nun Eile ist geboten,
sind in den Schnürsenkeln noch Knoten.
mit den ich mich muss noch befassen,
dann endlich kann ich ´s Haus verlassen.

Ich will mich sputen, eilen rasch:
zur Arbeit hin mit Aktentasch´ – äh –
Wenn ich nur jetzt auch gleich noch wüsste
wo denn mein Autoschlüssel seien müsste?

Eh´ ich nach den Verflixten seh´
erscheint mein Weib im Negligier
und fragt mich lächelnd und mit List:

„Weißt du, dass heute Sonntag ist?!

Wie du dich eilst, das war so nett. –
Nun komm mit mir zurück ins Bett,
bevor du machst dich ganz zum Affen.

Im Dienst brauchst heute du nicht schaffen!"

Pünktlichkeit

Die Pünktlichkeit kam mal zu spät
und merkte gleich, wie ´s einem geht,
der achtet nicht der Uhren Zweck:
Der Zug war abgefahr´n und weg.

Morgengezwitscher

Vom Morgengezwitscher da bin ich erwacht.
Da war es noch dunkel und fast tiefste Nacht.
Wieso denn die Vögel so früh laut schon singen?
Das geht doch nicht zu so mit rechten Dingen.

Und weil ich das konnte partout nicht verstehen,
ich musste erst mal zu dem Fenster raussehen.

Das Vogelgezwitscher kam nicht aus den Bäumen!

Mein Nachbar beginnt grad sein Holz einzuräumen
auf einer Schubkarre, die quietsch fürchterlich,
den er heizt seit Jahren so ökologisch.

Ich rufe ihm zu: „Hallo, Nachbar Peter,
geht das denn nicht auch noch am Morgen was später?"

„Nein", meint er, „dann wäre das Duschwasser kalt,
wenn meine Sieglinde macht ´s Frühstück mir bald.
Denn ich geh´ zur Arbeit – dir Rente verdienen –
und kann nicht ausschlafen, wie es dir beschienen."

Dass er für mich aufsteht so früh und sozial,
gefällt mir...
Doch ist mir ´s ´ne Qual,
dass er mit dem Lärm viel zu früh mich geweckt,
weil ich gern im Federbett hätt noch gesteckt.

Drum rufe ich freundlich zum Abschied ihm zu,
damit ich am Morgen hätt länger mein´ Ruh´:

„Ich kann das verstehen, doch fänd´ ich es nett
hätt´st du für die Schubkarre ein wenig Fett."

Wecker

Der Wecker klingelt rasselnd Sturm:
„Der frühe Vogel fängt den Wurm!"
Doch welcher Mensch, so darf ich fragen
braucht denn schon Würmer früh im Magen?
Das macht das Aufsteh´n mir nicht wett –
da bleib ich lieber noch im Bett!

„Die Morgenstund´ hat Gold im Mund"
heißt´s auch, doch ist das lang kein Grund
früh aus dem warmen Bett zu flüchten. –
Im Gegenteil und zwar mitnichten:
Hätt´ ich was Wertvolles im Maul
so blieb ich liegen und wär´ faul.

Bei Ausreden bin ich Genie
und sage „Besser spät als nie."
und ich bedenke, eh´ ich eile,
„Gut Ding", wie´s heißt, „das braucht auch Weile."

Nur geht´s ums Trinken – Wein und Bier –
da bin ich rasend schnell gleich hier.

Warten

Die Zeit tickt langsam in Sekunden
wenn die das Zifferblatt umrunden,
und zu Minuten sammeln sich
sie stetig, unabänderlich.

Die Zeit summiert sich bald in Stunden,
bis sich ein ganzer Tag gefunden
und Gegenwart bedauerlich
macht aus den Staube leider sich.

Die Zeiger drehen ihre Runden,
und jedes Mal ist Zeit verschwunden.

Das ist nicht sehr absonderlich,
nur wenn man wartet... ärgerlich.

Morgentau

Die Luft ist frisch, die Welt noch grau,
und auf den Wiesen Morgentau.
Ein Glockenschlag gibt Kunde,
wie früh noch diese Stunde.

Verscheucht von dem Kirchturmgebimmel
verzieh 'n die Wolken sich vom Himmel
und auch die Sonne steht nun auf,
ganz rot vom Schlaf, zum Tageslauf.

Noch ist es still in der Natur,
ein Vöglein zwitschert manchmal nur,
das, grad wie ich, so früh geweckt
den neuen Tag nun neu entdeckt.

Während die Sonne aufwärts zieht,
hab ich mir Kaffee aufgebrüht,
den ich im Garten will genießen
mit Blick hinüber zu der Wiesen,
durch die ein schmaler Weg sich zieht,
auf dem bislang noch nichts geschieht.

Doch bald sind Leute dort zu seh´n,
die mit dem Hundchen Gassi geh 'n,
sie drehen munter ihre Runde
zu dieser frühen Morgenstunde.

Die Zweisamkeit von Mensch und Tier
macht bei dem Anblick Freude mir:
Die Hunde schnüffeln, rennen, tollen
weil sie sich mal austoben wollen
durchs feuchte Gras auf beiden Seiten,
derweil die Herrchen sie begleiten.

Erst seh´ ich nur ein, zwei spazieren,
bis viele bald den Hund ausführen.
Der Wiesenweg scheint sehr beliebt,
wohl weil es nah sonst keinen gibt.

Doch scheint die Wiese zu verlocken,
dass sich die Tierchen auch hinhocken,
um ihre Häufchen zu verteilen,
wobei die Herrchen brav verweilen.

Danach, so denke ich mir noch,
wird dann dass Herrchen sorgen doch
dass diese Hinterlassenschaft
im Tütchen wird auch weggeschafft.

Doch leider hab´ ich mich geirrt:
Von niemand es beseitigt wird...
Es scheint tatsächlich jedes Mal
dem Hundehalter ganz egal.

Was noch im ersten Sonnenschein
wirkt´ taubesprenkelt frisch und rein,
so recht zum Purzelbäume wagen,
auf der sich jungen Hunde jagen,
wird ruiniert ganz einfach so
durch Herrchen zu ´nem Hundeklo!

Trotzdem ich mag die Wiese gern,
denn ich seh´ sie ja nur von fern.

Narretei

Wer glaubt, ein Narr sei einfach dumm,
weil schwatzhaft er und niemals stumm,
der irrt! –

Den Narren besser rühmt,
denn er spricht an ganz unverblümt,
was offenbar ist undurchsichtig.
Macht hintersinnig offensichtlich
und bringt die Wahrheit so geschraubt,
dass sie am Ende keiner glaubt.

Er, der den Besserwisser hasst,
der nicht den wahren Sinn erfasst,
der Duckmäuser dem Spott gibt preis,
die dienern auf des Herrn Geheiß,
der Mauschelei, Herrschaftsgehabe
nicht hinnimmt wie ein Prügelknabe,
der sagt, wenn falsch was und gemein,
der zeigt, dass Lügen kurze Bein´.

Der traut sich so mit wahren Mut,
weil er nicht katzenbucklig tut!

Ob wir aus Neid das nicht erkennen,
und vorschnell „dumm" den Narren nennen?

Er legt den Finger in die Wunde,
macht lauthals kund in aller Runde
worüber man müsst´ sich beschweren.

Ein Narr zu sein ist eine Ehren!

Firlefanz

Ich liebe es mit Worten spielen
euch dabei gern zu irritieren
in Reimes wildem Tanz
mit buntem Firlefanz.

Ja, ich bestreite es ja nicht.
Nicht immer Sinn macht mein Gedicht,
und dem zu folgen ist dann schwer,
wenn sind die Reime arg verquer.

Sogar des Öftern erst am Schluss
man völlig anders denken muss,
dass spät ihr dann erst ahnend spürt
wie ich am Anfang euch verführt.

Nichts Böses habe ich im Sinn,
wenn ich euch neckend albern bin
und es euch schmunzelnd trage vor,
so nur aus Spaß mit Witz, Humor.

Gebrauchen tut ´s wahrlich kein Kind,
weil wir ja schon erwachsen sind,
doch kommt es manchmal doch gut an
dass freut sich dann „das Kind im Mann".

Mundart

Die Anglizismen sind zurzeit
in unsrer Sprache weit verbreit'.
und halten sich – oh welch ein Graus –
im Alltag auch nicht bei uns raus
Wenn auch so mancher leise stöhnt,
sind leider sie nicht mehr verpönt.

Und manchmal stört es mich auch schon
führt es doch zu Irritation:

In Mund-„**Art**" glatt – statt Dialekt –
ein Englischwort sich doch versteckt_
Denn ich im Wörterbuch gleich fand,
dass „**Art**" zu Deutsch als „**Kunst**" bekannt.

Dann Mundart also „**Mund-Kunst**" heißt,
wo mit dem Mund man Kunst beweist.

Welch' Kunst soll mit dem Mund ich machen
ohne dass alle Menschen lachen?

Soll ich die Lippen vorwärts spitzen?
Sie breit zu einem Lächeln schlitzen?
Soll ich ein Liedchen euch hier pfeifen?
Als Mundmaler zum Pinsel greifen?
Den Mund verzieh 'n zu 'ner Grimassen?
Mit ihm jonglieren Teller, Tassen?
Ihn singend auf und zu bewegen?
Ihn mir verrenken dessentwegen?
Vielleicht erwartet man sogar,
dass ich spiel Mundharmonika?

Als Mund-Kunst kenn' ich nur das Küssen!
Doch das soll ich doch tun nicht müssen?!

Was anderes beherrsch' ich nicht –
als vorzutragen dies Gedicht.

Mundarten

Wenn „Mundart" man zum Thema macht,
was hat sich jemand nur gedacht?
Niemand braucht dazu was studieren,
sondern sie doch nur ausprobieren.

Die Art des Mundes ist bekannt.
Was ist denn noch dran interessant?

Will man etwa von mir erwarten
zu reden über Müder Arten?
Was soll ich dazu nur berichten,
am Ende gar dazu was dichten!

Also dann...

> Schaut man dem andern ins Gesicht,
> ist meist der Mund am Kinne dicht,
> darüber sich die Nase reckt,
> die mittig in dem Kopf dort steckt.
>
> Der Mund geht von den Backen her
> durch das Gesicht des meistens quer.
> Das ist bei jedem Menschen so,
> gewissermaßen „Status quo".
>
> Dazu bemerke ich noch schnell:
> Ein Mund ist individuell!
> Darum lass ich es besser bleiben,
> ein jede Art hier zu beschreiben.

Was macht es denn für einen Sinn,
ob Lippen dick, ob Lippen dünn?
Ob Münder groß sind oder klein,
in Herzform mal geschnitten fein?
Ob rund, ob manchmal wie ein Strich?
Von Mal zu Mal ändert das sich.

Ich will dar ob nicht reden müssen.
´nen Mund gebrauch´ ich nur zum Küssen
und ob der breit ist oder schmal
ist mir beim Küssen ganz egal.

Heimatklänge

Die Heimat, nach der wir uns sehnen,
was Heimweh macht in mancher Nacht
wo wir auch unsre Wurzeln wähnen,
wird viel zu selten mal bedacht.

Doch Heimat ist, was wir bewahren
im Herzen und in den Gedanken,
seit unsrer Kindheit lang in Jahren
wofür man muss den Eltern danken.

Sie schenkten uns Erinnerungen,
dass rosig scheint die alte Zeit,
die voll von Freuden sind durchdrungen,
von der wir schwärmen gern noch heut´.

Die Sprache, die uns da gelehrt
als babbelte der Kindermund,
hat sich bis heute gut bewährt,
auch wenn es klingt oft kunterbunt.

Selbst wenn man mal nicht recht versteht,
weil ungewohnt es manchmal klingt,
worum es in der Rede geht,
wird heimatlich man eingestimmt.

So freut man sich an Heimatklängen,
egal wo man sich grad befinde,
und sich Gedanken da aufdrängen,
dass wird erweckt im Mann das Kinde.

Reigerutschter

Wer Mundart spricht, red´ Dialekt,
was die Befürchtung bei mir weck
Dass heute nur die was verstehen,
die von klein auf die Pfalz gesehen.

Als Reigerutschter, schon vor Jahren,
hab´ ich den Wortsinn zwar erfahren,
nur hofft nicht, dass ich „Pälzisch" sprech´,
ich lacht euch von der Stelle wech´.

Ich lieber will mir doch bewahren,
den Dialekt, den ich vor Jahren
als Kind mir habe angewöhnt
dass es „Berlinerisch" halt tönt.

Wer Mundart spricht, red´ „Dialekt".
Das gleich die Neugier bei mir weckt,
was dieses Wort denn wohl bedeute.
Doch mein Erforschen mich nicht freute,
weil wer vom „Dialekt" was sagt,
es leider nicht mal hinterfragt:

Die Alekt

Gefordert wird doch „Die Alekt".
in dem was weibliches versteckt.
Doch wie kann man darüber reimen,
wenn sie bekannt ist leider keinem:

Weil „die Alekt" mich so verwirrt,
und glaubte, dass ich mich geirrt,
ich suchte, wer sie wirklich ist,
doch das Ergebnis war nur Mist.

Dabei hätt´ ich beinah gewett´
ich find´ etwas im Internet.
Die Suchmaschine tut sich schwer
nur zwei Begriffe, sonst nichts mehr.

Das erst ist ´s bestimmt gar nicht,
ein „Dänisch Sprachschulunterricht".

Das zweite, als „Alekt" ich las
war das von einem Sänger was.
Dort steht auf vielen Seiten wieder,
er sänge lyrisch schöne Lieder.
Als Vorname kommt er nur vor.
Was bin ich doch ein dummer Tor!

Danach bietet man mir noch an
dass es „Alekto" auch sein kann.
„Alekto" ist laut Historie
´ne Göttin der Mythologie.
So steht es schwarz auf weiß genau:
Alekto ist auch eine Frau.!

Was mich verwirrt, ist der Gebrauch
mit „der" und „die" gemeinsam auch:
So sagt man deutsch „der die Alekt"
was wieder Zweifel bei mir weckt.
Ist weiblich er, so wie es scheint?
Oder ist männlich doch gemeint?

Doch was soll dann das „die" dabei?
Ob das was Ausländisches sei?
Das kommt mir doch sehr spanisch vor,
wie ´n Adelstitel beim „Señor"?

Jedoch bevor ich weiter grübel´ -
ich hoffe, ihr nehmt ´s mir nicht übel,
dass ich Erwartung hab geweckt —

  und bring ich hier nichts zu „Die Alekt".

Wünsche und Gratulationen

Quäntchen Glück

Und wieder ist ein Jahr vorbei,
das sich summiert zur großen Zahl.
Viel Gutes war zum Glück dabei,
doch manches wurde auch zur Qual.

Heut´ wünscht man dir fürs neue Jahr,
dass dieses besser als das alte
und dass die Wünsche werden wahr,
wenn nur Gesundheit man behalte.

Doch nur Gesundheit ganz allein
merkst du bei einem Blick zurück
reicht aus nicht zum Zufriedensein
dafür fehlt auch ein Quäntchen Glück.

Drum schenk´ ich Glück im Überfluss,
dann brauchst Du niemals sparen
das Leben wird Dir zum Genuss,
ab jetzt und noch in Jahren.

Buchstabieren

Schon wieder ist ein Jahr vorbei!

Um heut´ zu gratulieren
bin ich natürlich auch dabei,
will GLÜCK dir buchstabieren:

Gesundheit steht gleich vorne an,
gefolgt stets von der Liebe,
erfreu 'n soll Überraschung dann
und Chancen, die man kriege.

Und ganz am Ende, dann zum Schluss,
du ahnst es sicher schon,
da steht ein netter Freundschaft Kuss,
in der Gratulation.

In-die-Welt-komm-Tag

Den nächsten In-die-Welt-komm-Tag
manch´ einer sich ersehnen mag,
der ungestüm, jung, frisch noch lebt,
nach Rechten der Erwachsnen strebt.

Da kann er es fast kaum erwarten,
ins neue Lebensjahr zu starten
und sich beileibe gar nicht ziert,
wenn sich ein neues Jahr summiert.

Doch kommt man etwas in die Jahre
man lieber langsamer verfahre,
erlebt das Fest wohl Jahr für Jahr,
ganz dankbar, was noch gestern war.

Auch warnt ganz leise die Erfahrung,
Erinnerung und Offenbarung,
dass, was demnächst noch kommen mag,
sei meistens Mühe oder Plag´.

Die Freudentage sind gezählt,
das Zipperlein auch manchmal quält,
der Arzt verbietet den Genuss
und arbeiten man auch noch muss.

Bist´ dem Zenit schon wieder fern,
so freut man sich stets wieder gern,
wenn Freunde sich um einen scharen,
die man gewonnen in den Jahren.

Und feiern, dass man lang noch lebt,
noch kräftigt hoch das Glas mit hebt,
das Kind im Manne leben lässt –
bis zu dem nächsten Wiegenfest.

Gereimter Gruß

Du wunderst Dich, denn es erscheint
ein lieber Gruß - sogar gereimt!
Der wünscht Dir Freude, Spaß und Glück
und niemals nie ein Missgeschick,
auf dass du täglich nun aufs neue
dich über jeden Tag erfreue.

Blickrichtung

Man fragt sich am Geburtstagstag
welch´ Blickrichtung man lieber mag:
Den Blick zurück, was ist vergangen,
den Blick voraus, was angefangen?
Egal,
      welch´ Blick Ihr lieber habt von beiden:
      Gesundheit, Frohsinn sollen bleiben!

Titanic

Gesundheit ist das höchste Gut,
das man Geburtstagskindern wünschen tut.
Für dich soll ´s möglichst lange gelten,
dass Arztbesuche bleiben selten.
Auch wünsch ich Glück! - Wink nicht gleich ab:
„Es reicht, wenn man Gesundheit hat."
Schau nur geschichtlich mal zurück:
Was nützt Gesundheit ohne Glück
auf der Titanics Jungfernreise
beim Anstoß an dem Berg von Eise?
Drum wünsch´ ich auch ganz viel vom Glücke,
dass dich stets meide Schicksals Tücke.
Egal, ob du zählst zu den Alten,
bleib einfach noch recht lang erhalten.

Gesundheit

Zu dem Geburtstag ist es Brauch,
dass gute Wünsche du kriegst auch:

Du sollst nicht mehr so viel arbeiten
und stets soll Dich das Glück begleiten,
Zufriedenheit sollst haben du
und die Gesundheit gleich dazu.

Die Reihenfolge variiert,
doch eines ist fast garantiert:
Gesundheit wünscht ein Jedermann
weil man genug nie haben kann.

Man denkt da gleich an Zipperlein
und an so and´re böse Pein,
die, wenn „Gesundheit" man da hätt´,
vermeiden könnt´ das Krankenbett.

Nur wie kann man den Wunsch behüten
und aufbewahren wie in Tüten,
dass man, wenn einmal Krankheit droht,
ihn nutzen kann bevor man tot?

Lässt der Gesundheitswunsch sich archivieren,
in Einweckgläsern konservieren,
zu Lutschbonbons kristallisieren,
ihn gar als Tiefkühlkost einfrieren?

Vielleicht geht es ja auch in Flaschen,
da kann man flüssig sie dann naschen,
auch wäre die Dosierung feiner:
Ein großer Schluck oder ein kleiner.

Selbst wenn nur mit Verfallsdatum
macht´ ich mir keine Sorgen drum,
ist doch nach einem weit´ren Jahr
der Wunsch erneut vorhersehbar.

Man brauchte sich nicht sorgen, schützen
wenn dieser Wunsch würde auch nützen.

Älterwerden

He du, mein lieber Kamerad,
da seh´ ich im Kalender grad,
dass dich das Schicksal heut´ mit List
verändert – und du älter bist.

Nun lass dich bloß nicht ganz verdrießen
das Leben weiter zu genießen,
denn das, das dauert noch ´ne Weile,
verplemper ´s nicht mit Langeweile.

Drum stürze dich mit frohen Lachen
in alles, was du noch willst machen,
getrau dich, auch in alten Tagen,
noch ab und an was Neues wagen.

Jedoch – und darauf kommt ´s nur an –
bewahr´ das Kind dir auch im Mann,
bleib lustig, dass mit hellen Sinnen
kannst Schönes allem abgewinnen.

Das einzige, was macht mich froh:
Es geht auch andren Menschen so,
so dass du nicht nur ganz alleine
nun wackelst rum auf alten Beine.

Nimm das als einen kleinen Trost
Ich wünsch dir was – und darauf „Prost"!

Liebe Wünsche

Ganz liebe Wünsche heut´ zum Tag,
Glück, Frohsinn, kein´ Beschwerden,
ich herzlich dir wohl schenken mag.
Welch´ Trost beim Älterwerden!

Schon wieder

Da steht der Freunde große Schar,
um heut´ zu gratulieren.

Du glaubst es nicht? Doch, es ist wahr,
du brauchst nicht spekulieren,
ein Jahr, das ist schon wieder rum,
von dir kaum registriert.
Die Zeit die rast vorbei wie dumm
und du wirst graumeliert.

Und wie im Herbst der bunte Wald
zeigt dir das graue Haar
spätsommerlich wird es nun bald
du alterst doch fürwahr.

Doch blickst du staunend ringsherum
merkst du im Freundeskreise,
nur andre werden alt und dumm,
du aber wirst nur weise.

Selbst zwickt nun mal das Zipperlein,
dich schon mit Weh und Ach,
es könnte alles schlimmer sein,
wenn du wärst krank und schwach.

Drum freu dich auf die neue Zeit
im Kreis der Freunde heute
und feiere voll Fröhlichkeit
mit dieser lustig´ Meute.

Gesundheit, Freude und viel Spaß
das wünsch ich dir von Herzen,
ein stets gefülltes Dubbeglas*,
und nur vor Lachen Schmerzen.

* Pfälzer Trinkglas

Halbzeit

Auf dem Kalender du mit Schreck
siehst wie viel Jahre sind schon weg,
seit du das Licht der Welt erblickt.

Doch mach dich deshalb nicht verrückt,
denn ganz genau dieselbe Zahl
sollst du erreichen jedes Mal.
wenn dir das Datum frech verkundet,
dass dein Geburtstag wieder rundet.

So wirst du ganz bestimmt auf Erden
zumindest einmal 100 werden.

Schmetterlingsglück

Das Glück, das ist ein Schmetterling,
den dir das Schicksal manchmal fing,
und gaukelt hin und her entzückt.

Ich wünsche dir, dass es dir glückt
und es bei dir sich setzen will.

Dann halte ruhig ein und still,
dass du am flatterhaft und scheuen
Glück dich recht lange kannst erfreue.

Zahlenwechsel

Das Leben lässt Dir keine Wahl,
dass ändert sich die Jahreszahl,
weil wieder ist ein Jahr nun rum.
Mein lieber Freund, scher´ Dich nicht drum!
Genieß´ des Lebens Sonnenschein,
sei unter Freunden nie allein,
lass schmecken Dir die schönen Seiten,
die Frohsinn sollen Dir bereiten.

Viel Gutes soll Dir widerfahren,
ab jetzt und noch in vielen Jahren!

Junggeblieben

Da hat im Traum mir in der Nacht
jemand ganz leis´ ins Ohr geraunt
ein Lebensjahr hast Du vollbracht.
Da bin ich aber sehr erstaunt!

Im Bild, auf dem Du bist zu seh´n,
bleibst stets Du immer jugendlich.
Die Zeit scheint drüber wegzugeh´n.
Wie Du das schaffst, das frag ich mich.

Doch wünsch´ ich Dir ganz ohne Neid,
auch wenn ich selber älter werde,
viel Glück und viel Zufriedenheit
und noch viel Freude auf der Erde.

Und gesund sollst du stets bleiben,
unbeschwert und guten Mutes,
lang mit Freude dich rumtreiben.
Dafür wünsche ich nur Gutes.

Feiertag

Du feierst heute einen Tag,
den mancher nicht so richtig mag,
denn jedes Jahr legt man zurück
von seiner Jugend noch ein Stück.

Doch andersrum man gut bedenkt:
Man kriegt ein Lebensjahr geschenkt!
Und wer nach weiteren noch strebt,
der so erst wirklich lange lebt.

Unterschied

Staunend blickt man ringsherum:
Die Menschen werden alt und dumm.
Nur Du allein in diesem Kreise
bleibst jung und wirst sogar noch weise.

Erinnern

Da weiß ein Mensch nicht mehr genau,
was er gewollt, gedacht, getan.
Er wird halt alt und etwas grau,
erinnert sich nicht mehr daran.

Doch hat er Freunde da zum Glück
die gern auf ihn aufpassen,
um zum Geburtstag mit Geschick,
ihn dran erinnern lassen,
dass folgt ein Lebensjahr erneut,
an dem er sich wohl recht erfreut.

Sie singen ihm die schönsten Lieder
und er erinnert sich gleich wieder,
dass Freundschaft sich nicht daran misst,
ob noch ein Jahr vergangen ist.

Und das geschieht ihm jedes Jahr
im Kreis der Gratulanten Schar.

Reife

Man glaubt, die Reife sich vermehrt,
wenn sich der Festtag wieder jährt,
und mit mehr Ernst erträgt die Bürde
der Weisheit und des Alters Würde.

Nur bei den Frauen glaubt man halt,
die werden mit der Zeit nur alt.

Doch besser neigt das weises Haupt,
und seid kein Narr, dass ihr das glaubt.
Denn erst in späten Jahren dann
wächst doch heran das Kind im Mann.
das uns verführt zum Unsinn machen,
zum Spielen, Albern und zum Lachen.

Nun kann man unbeschwert und froh
sich kindisch geben ebenso.

Geburtstagstorte

Statt vieler hochtrabender Worte
kriegst du heut´ ´ne Geburtstagstorte
mit allzu vielen kleinen Kerzen.

Die tröstet weg dich über Schmerzen,
weil du schon wieder älter bist.

Doch bleibe trotzdem Optimist,
denn wer das nicht mehr feiern kann,
wird auch nicht alt dann irgendwann.

Geburtstag

Es ist doch einfach gar nicht wahr:
Schon wieder älter glatt ein Jahr?!

Doch blick in den Kalender, schau:
Es stimmt doch auf den Tag genau!

Das ist in jedem Jahre so,
drum bleibe weiter lebensfroh
und lass dich nicht verdrießen.

Den Tag sollst du genießen,
er ist doch nur für dich gemacht,
dass dir die Sonne herrlich lacht.

Selbst wenn der Himmel grau heut scheint
und es in Regentropfen weint,
soll dich das nicht verscherzen,
hab Sonne froh im Herzen.

Dir sei vor diesem Tag nicht bang! -
Ich hoff´ das noch viel Jahre lang.

Wie Gestern

Ein Hoch auf dich am heut 'gen Tag,
lass nur die andern lästern.
Die Zeit dir nichts anhaben mag,
du zeigst dich frisch wie gestern.

Man sieht dir wirklich gar nicht an,
dass sich die Zahlen ändern.
Drum denke heute gar nicht dran,
um durch die Zeit zu schlendern.

Bewahr´ dir weiterhin die Lust
genieß´ die schönen Sachen,
dann wird dir ´s Leben nicht zum Frust
mit Frohsinn und mit Lachen.

Flötenspiel

Da heißt ´s: „Er flötet aus dem letzten Loch",
wenn nichts geht richtig mehr im Alter.
Man hört und sieht schlechter, dennoch
pfeif darauf als Musikgestalter:

Bring so mit manchem schrillen Ton,
die andern gern zum Lachen,
wenn du verwirrst mit Illusion
was du kannst noch mitmachen.

Geht dir gar das Gedächtnis flöten,
und du vergisst schon mancherlei,
ist Ärger drüber nicht von Nöten,
weil Morgen ist ´s dir einerlei.

Zwar fehlt dir so der „Blick zurück",
was durch Vergesslichkeit verwehrt,
doch hast du auch das große Glück,
dass sich der Nachteil nun verkehrt.

Denn alles, was nun auch passiert,
erlebst du jedes Mal erneut,
du bist deshalb stets interessiert
und überrascht, was dich erfreut.

So bringt das Leben jeden Tag,
wie schon in Kindeszeiten,
dass neu man was erleben mag.

Jed´ Ding hat halt zwei Seiten!

Gib Gas

Ist man auch nicht mehr ganz so jung –
das Leben kommt erst jetzt in Schwung,
wenn man gelernt hat so beizeiten
aus seinen ersten Fahrschulzeiten.

Nun man beherrscht das schnelle Fahren
und sieht voraus auch die Gefahren,
wenn man mit Tempo und Elan
mit Gas durch ´s Leben fahren kann.

Doch bleib nicht links nur auf der Spur
zum Überholen stetig nur,
sonst siehst im Spiegel du zurück,
dass du vorbeigerast am Glück.

Man soll im Leben nicht nur hasten,
sondern auch manchmal etwas rasten.

Genieße es in vollen Zügen
lass dich um Freuden nicht betrügen,
nimm mit, was dir das Leben schenkt,
es rennt viel schnelle, als man denkt.

Bewältig Wege aller Art,
dafür wünsch´ ich dir gute Fahrt.

Nicht vergessen

Verdammt, nun ist es doch geschehen,
denn im Kalender musst´ ich sehen,
dass den Termin, den ich besessen,
von Deinem Festtag ich vergessen.

Es ist schon schlimm, wenn Du nun schmollst,
jedoch wenn Du mir deshalb grollst,
weil ich vergesslich bin gewesen,
fress´ ich vor Ärger einen Besen.

Ich kann die Zeit zurück nicht drehen.
und machen es noch ungeschehen.
Kann zwar Beteuerung Dir schenken,
dass ich musst immer an Dich denken,
doch ob Du das kannst mir noch glauben
will mir den letzten Schlaf schlicht rauben.

Ich schleich umher mit schlecht´ Gewissen,
krieg runter kaum noch einen Bissen
ganz wild rauf´ ich mir meine Haare,
und fühl´ mich nahe fast der Bahre.

Was mach ich bei dem Missgeschick?
Such ich mir besser einen Strick,
geh in das Wasser oder hole
vom Schwarzmarkt mir eine Pistole?

Doch würde das ja auch nichts helfen,
wär´ ich erst mal im Land der Elfen.
Da fass´ ich eher doch den Mut
und sage Dir wie leid ´s mir tut.

Zwar ist mir damit auch nicht wohl –
Entschuldigungen wirken hohl –
doch was kann ich denn sonst nur machen,
dass Du kannst wieder fröhlich lachen?

Vielleicht kannst Du mir noch verzeihen,
dass unsre Freundschaft kann gedeihen
wenn Du nun feststellst unterdessen:

    Ich habe Dich nicht ganz vergessen!

Vergesslichkeit

Man runzelt da erstaunt die Stirn,
wir etwa schwach schon das Gehirn,
schuld am Vergessen Eile und Hast,
weil gestern du Geburtstag hast?

Statt um den Grund zu spekuliert,
will ich Dir einfach gratuliert:

Schneckenpost

Ein Glückwunsch wollten wir beizeiten
per Briefträger an Dich heut´ leiten
mit guten Wünschen, lieben Worten,
die Du im Herzen könntest horten,
auf dass sie lassen dich stets denken,
wie wir Dir Gutes wollen schenken.

Doch leider - und das ist fatal -
irrten wir bei des Boten Wahl.

Denn mit dem von der Schneckenpost,
damit das Porto nicht viel kost´
wählten zwar billig wir es aus,
doch kommt dies Brieflein spät ins Haus.

So brauchte es halt eine Weile,
bis unser Glückwunsch Dich „ereile",
doch können wir auch sicher sein:
Der Glückwunsch kommt heut´ ganz allein.

eMail

Ein Glückwunsch zischt ganz schnell daher
im elektronisch´ Postverkehr.

Ich nutzt nicht Tinte und nicht Feder,
was machte früher wohl ein jeder,
um Dir zu schicken Brief und Karten,
doch darauf kannst Du lange warten.

Auch kommt kein Anruf, der nur stört,
mit vielen Worten, oft gehört,
und netten Sprüchen, oder frechen,
denn ich verzichte auch auf´s Sprechen,
brauch so beim Warten nicht zu stöhnen
wenn lang Besetztzeichen ertönen.

Stattdessen, in moderner Zeit,
bringt dies eMail Wünsche heut´,
die gutgemeint und freundlich sind
zum heutigen Geburtstags-"Kind":

>„Bleibt nur gesund und froh und heiter,
>hab Glück und Freude immer weiter!"

Selbst wenn der Festtag ist gewesen,
kannst Du sie jederzeit noch lesen
und willst die Wünsche Dir angucken,
so brauchst Du sie nur auszudrucken...

Glückskette

Ein jeder weiß: Das liebe Glück
ist meistens nur ein Augenblick.

Drum wär es schön, wenn solche nette
Momente reih´n sich Dir zur Kette
und ´s Glück hängt dir, schön aufgereiht,
stets um den Hals, dass es dich freut,
wenn immer du ´ne Perle siehst
und du dein Leben recht genießt.

Was nun?

Da steh´ ich nun so ziemlich dumm
im Kaufhaus ganz verloren rum.
Das Angebot ist riesengroß,
so frag ich mich „Was kaufst du bloß,
dass es dich freut und auch beglücke,
so ausgesuchte schöne Stücke?"
Es war mir gleich nicht ganz geheuer,
denn was gefiel, das war zu teuer.
Doch nur was Billiges und Stuss,
ich dir ja auch nicht schenken muss.

„Gesundheit" – das ist falsch doch nie!
So gehe ich zur Drogerie.

Tabletten gibt´s mit Vitamin,
was mir nun zu gesund erschien,
noch was mit Spur ‘n von Mineral,
da hat ich gleich die Qual der Wahl.
Auch sieht so´n Röhrchen mickrich aus,
drum wurd´ aus dem Geschenk nichts draus.

Man wünscht sich doch auch stets viel „Glück"!
Da schenk ich dir davon ein Stück.

Bin gleich zum Büdchen hin gelaufen,
um dir dafür ein Los zu kaufen.
Doch gibt´s für´s Glück nie Garantie,
noch nicht mal bei der Lotterie.
Ich hätt´ verplempert´s Geld doch so
und du wärst danach auch nicht froh.

Was nun? Man sagt auch „Alles Gute"...
Nu zieh´ enttäuscht nicht gleich´ne Schnute.

Ja, alles Gute wünsch ich dir
mit Schleifchen drum und mit Pläsier.
Auf Bessres kannst du doch nicht hoffen
als dass kein Wunsch bleibt dir nun offen,
denn wenn das stets sich auch erfüllt
wird die Begierde dir gestillt,
was du im Kopf kannst dir ausdenken.

Das ist es, was ich will dir schenken!

Und was gespart ich mir an Pinke*,
ich auf dein Wohl hier nun vertrinke.

berlinerisch für Geld

Geburtstagsfeier

Ein Geburtstag, der ist fein
da lädt man alle Freunde ein!
Die kommen gleich in großen Scharen
um heute Kosten sich zu sparen.

Man ist auf jeden Fall dabei
solange die Getränke frei.
Auch ist die Hoffnung meistens groß,
dass das Buffet ist sehr famos.

Die Reden man zwar überhört,
wenn´s einen auch beim Schwätzen stört.
Will die Laudatio gar nicht enden,
muss man dem Schampus sich zuwenden.

So wartet man voll Ungeduld,
dass am Buffet beginnt Tumult,
um sich die Teller voll zu häufen
und Langeweile zu ersäufen.

Dies wiederholt sich drei, sechs Mal
bis das Buffet ist endlich kahl.
Auch tut das Freibier weiter gut,
wenn steigt der Alkohol im Blut.

Weil doch umsonst die ganze Pracht
man selten früh ein Ende macht,
drum senkt darüber sich ein Schleier
was noch passierte bei der Feier.

Doch später man verkündet groß:
Es war mal wieder ganz famos!

Geburtstagsrede

Man sagt, an dem festlichen Abend
hält Reden man, die sind erhabend.
Doch das ist nur die eine Seite
es gibt auch leider eine zweite:

Seit Wochen plagt mich schon das Grübeln,
mir ist vom Grübeln schon ganz übel:
Ich wollt´ für dich ´ne Rede machen,
die witzig ist mit spaßig Sachen,
um zu erfreu 'n die alte Knaben,
die sonst nicht viel zu lachen haben.

Die Feier steht schon vor der Tür
doch völlig leer ist mein Papier.
Wenn ich nur mal den Anfang fände.
Ich höre Rundfunk, wälze Bände,
doch leider alles Pustekuchen.
Ich möchte heulen oder fluchen.

Ich wälz´ mich ruhelos im Bette,
wenn ich nur einen Einfall hätte.
Wie kamen Goethe oder Schiller
nur auf so wunderbaren Knüller?

Mit Schnaps, das hab ich schon probiert,
Papier dabei genug verschmiert
jedoch stellt´ fest ich dann mit Groll,
nicht der Papierkorb wurd´ nur voll.

Es strömt der Schweiß mir von der Stirne,
ganz butterweich ist schon die Birne
weil viel schnell die Zeit verrinnt.
Doch da! Ein Einfall ganz bestimmt!

Ich hoffe, dass es endlich geht,
gottlob, es ist noch nicht zu spät.
Schon fällt der erste Vers mir ein:

> „Schön ist ´s zum Feiern hier zu sein
> Nun froh mit „Prost" ein Schluck genommen.
> Habt Dank, dass durften wir herkommen!"

Kleine Weisheiten

Kurz

Bevor die Zeit zu schnell verrinnt,
man nur ganz wenig Worte nimmt,
wenn das Gesagte kurz auch stimmt.

Gerecht?

Nichts ist gerecht verteilt auf dieser Welt,
das sagt ein jeder stets beim Geld.
Doch wittert niemand den Betrug
wer glaubt, er hätt´ Verstand genug.

Bildung

Was mancher Kluger uns verschweigt:
Bildung ist das, was übrigbleibt,
wenn das Gelernte man vergisst
und später es auch nicht vermisst.

Wissensdurst

Aus Hunger beißt man in die Wurst,
den Wein, den trinkt man gegen Durst,
Doch ob geschluckt oder gebissen:
Manchmal da mangelt´s an mehr Wissen.

Einsicht

Die Einsicht kommt oftmals sehr spät.
Doch bis man weiß, wie´s wirklich geht
hilft meistens die Erkenntnis weiter:
Hab nur Geduld und bleibe heiter!

Schein

So mancher strengt sich wirklich an,
dass er was weiß und etwas kann.
Doch ist Erfolg oft: Etwas sein
und etwas Scheinen und viel Schwein.

Bemühen

Er mühte sich redlich
mit ganzem Bestreben.
´s Ergebnis war kläglich.
So ist´s manchmal eben.

Klugheit

Manchmal Klugheit sich so zeigt,
dass man rechtzeitig mal schweigt
und man sich nicht unbedacht
wieder mal zum Narren macht.

Drum kein Wort ich mehr verschwende
und ganz schnell hier einfach ende.

Lernen

Man kann so sehr nach Wissen streben,
jedoch lernt man sein ganzes Leben.
und ist erstaunt wie eine Kuh,
weil man lernt immer was dazu.

Weisheit

Oft angemahnt, „Der Ernst des Lebens"
soll Richtschnur sein des eignen Strebens.
Doch ernsthaft sein ohne Humor
kommt lebenswert mir auch nicht vor.

Endlos

Mit Frohsinn und Gelassenheit
macht sich die Weisheit langsam breit,
dass nur gesund man bleiben muss
zum Glücklich sein bis an den Schluss.

Wahr oder unwahr

Dass sich ein Wort plötzlich verhäckselt,
das sonst schien scheinbar gut gedrechselt,
muss daran liegen, ob es wahr,
oder vielleicht gelogen war.

Lügen

Berühmt als der Lügenbaron
war von Münchhausen immer schon.
Erzählte uns die schönsten Lügen,
dass sich dabei die Balken biegen.

Auch wenn wer nicht von Adel ist,
man Wahrheitstreue oft vermisst.

Toleranz

Wenn ernst ein fröhlich Wort genommen,
kann jeglich´ Spaß und Neckerei
urplötzlich auf den Hund so kommen
und Unbeschwertheit ist vorbei.

Drum schert euch nicht um den Popanz:
Es lebe hoch die Toleranz!

Irrtum

Beim Lachen an der falschen Stelle
ereilt es manchen doch sehr schnelle,
dass sein Verhalten und Unkenntnis,
stößt schlichtweg auf ein Unverständnis.

Lachen

Man sollte auch im Alltagsleben,
nicht nur nach Ernst und Würde streben,
denn nur ein herzhaft, frohes Lachen
kann ins Gesicht die Fältchen machen
die gleich verraten, dass im Leben
es kann auch Schöneres noch geben.

Beste Medizin

Lasst froh uns sein und drüber lachen,
wenn will das Schicksal Späße machen,
und nehmt humorvoll es doch hin.
Das ist die beste Medizin!

Medizin

Lachen sei wie Medizin,
meint der Doktor so leichthin
nachdem er einen Witz gesagt
und preislich aufs Rezept aufschlagt.

Lächeln

Ein Lächeln kann auch sein gemein,
viel schlimmer als wenn laut man lacht.
Verunsichert wird mancher sein,
ob er sich grad zum Narr gemacht.

Ärger

Zum Ärgern oft die Zeit nicht langt,
deshalb vor Nichts uns wirklich bangt,
wenn bleibt uns Frohsinn und Humor.
Dann kommt der Alltag leicht uns vor.

Worte

Oft ist es nicht das klare Wort,
das Denken zu was Bösen lenkt.
Viel eher driftet es hin dort,
weil jemand Schlechtes dabei denkt.

Feuer

Tragt die Begeist´rung auf den Lippen,
verkündet sie ganz ungebremst!
Dies Feuer wird doch gern erlitten,
wenn man für die Idee entbrennt.

Wohin?

Meist Keiner kennt des Zieles Sinn –
doch jeder will schnellstens dorthin.

Siehste

Nicht nur mit Jugend Manneskraft
man die gewünschten Ziele schafft;
wer ist schon älter in der Jahrung,
der schafft es halt mit mehr Erfahrung.

Sächliches und Nebensächliches

Der Frack

Die Einladung mich sehr erfreut,
die ich bekommen habe heut´.
Warum grad ich hab sie gekriegt?
Egal, die Neugierde jetzt siegt:

Wer alles da wohl noch hingeht,
mit den man dann zusammensteht,
berühmt, bekannt und prominent,
Professor, Stars und Präsident.

      Darum muss ich bestimmt hingehen!

Doch tat in der Einladung stehen,
dass bei dem Anlass sei es Pflicht,
denn sonst bekäm´ man Einlass nicht,
dass Frack dabei zu tragen sei.

      Egal! Ich bin trotzdem dabei.

Zum Glück besitzt ich ihn ja schon
seit Tagen der Konfirmation.
Ich zieh ihn an, muss mich rein zwängen,
doch will mein Bauch ihn beinah sprengen.
Auch mich die Hose zwickt und zwackt,
im Schmuckstück von dem schönen Frack.

      Dass er mich so sehr tut beengen,
      kommt sicher nur vom langen Hängen...
      Wie soll ich edel dort erscheinen,
      weil passend habe ich grad keinen?

Für ´n neuen Frack, groß wie ein Zelt
geb´ ich bestimmt nicht aus mein Geld
und ebenfalls auch keinen Heller
für eine Fliege wie ´n Propeller.

Drum komm ich dann zum guten Schluss,
dass, was ich hab´, auch reichen muss.

Ist die Figur erst ruiniert,
dann lebt es sich ganz ungeniert!
Ob nun im Smoking oder Frack
das sei schließlich nur Zeitgeschmack.

Ich gebe mir doch keine Blöße
in meinem Smoking, Sondergröße,
und seh´ drin aus schlichtweg tipptopp,
weil der nun passt, so ganz salopp.

Er zwickt nicht und verdeckt den Bauch,
dass trinken, essen kann man auch.
Ein dunkler Schlips tut auch sein Zweck,
und so geh ich im Smoking weg.

> Doch an die Saaltür gibt´s Konflikt:
> Man mich zum Hintereingang schickt,
> weil dort ist Eingang allemal
> für das Bedienungspersonal.

> Zwar musst ich mit Tabletts rumrennen,
> doch lern ich viele Leute kennen,
> die nur von fern ich kannte schon.

Und außerdem: Ich kriegt´ auch Lohn!

Der Hosenknopf

Der Hosenknopf, der Hosenknopf,
das ist gar kein so dummer Tropf!

Er geht den Männern gern zur Hand,
ist zuverlässig und galant,
denn er verhüt´ mit Takt und Stil,
was sonst gar leicht zu Boden fiel
und hilft somit alles verstecken,
was würde Frauen sonst erschrecken.

Knopfloch

Das Knopfloch ist, seht ein es doch,
das ist nichts andres als ein Loch.

Ein Loch ist aber immer leer,
da ist nichts drin, da ist nicht mehr.

Zwar außen rum, um´s zu begrenzen
kann irgendwas es auch ergänzen,
ob sei´s aus Leinen, Samt, egal
woraus auch ist das Material.

Im Loch ist immer noch nichts drin.
Nur ihr gebt diesem Nichts ein Sinn:
Obwohl es nur ein leeres Loch
es für den Knopf gebraucht wird doch.

So deutet ihr mit Fantasie,
ins Nichts hinein was ist da nie.

Die Zigarre

Wer schätzt den Genuss, weiß ihn zelebrieren,
und lässt sich von einer „Havanna" verführen?

Zur Feier des Tages wird sie angezündet,
damit sie den Duft der Karibik verkündet,
mit sonnendurchtränktem Tabakblatt
und feinem Aroma, ganz mild und satt.

Ihr Rauch kräuselt schwer in kreisrunden Ringen,
als wollte sie Lotusgirlanden mitbringen.
Die Farbe so braun, mit hauchzartem Gold,
wie die Haut der Mädchen, die sie einst gerollt.

So feurig die Glut, die glosend uns blinkt,
als wenn die Sonne im Meere versinkt.
Und als edles Zeichen die Banderole,
die kündet davon:

„Ich koste echt Kohle!!!"

Schmauchen

Wenn man mich sieht, sieht meist´ man auch
mein Zigarillo und viel Rauch.
Ich kann es halt einfach nicht lassen:
Hansdampf zu sein in allen Gassen.

Genauso gern wie etwas Schmauchen
mag Worte ich im Reim gebrauchen
und, um Ideen dazu zu haben,
ein Glas voll rotem Wein auch laben.

Denn dieser Dreiklang oft bewirkt,
dass eine Muse sich verbirgt,
um dann mich unverseh´ns zu küssen,
dass ich was Schreiben muss nun müssen.

Die Werke, die dabei entstehen,
sind schwarz auf weiß drum bald zu sehen,
Dabei wird alles angenommen,
was mir grad in den Sinn gekommen.

Oft soll dabei Humor auch necken,
ganz ohne dabei anzuecken.
Nur selten habe ich das Ziel
dass Ernstes fließt vom Federkiel.

Ich wünsche nur, es macht stets froh,
was herausprudelt dabei so.

Anglerlatein

Sie saßen still an einem Fluss
wo keiner da was sagen muss,
und blicken nur, wie in Hypnose,
dort auf die rotgestreifte Pose.

Die schaukelt auf der Wellenkämmen,
ob wohl ein Fisch vom Wurm will schlemmen,
den sie am Haken mit Bedacht
als Köder haben angebracht.

Sie dümpelt hoch, sie dümpelt nieder,
mal hoch und dann mal runter wieder.
Inzwischen heiß die Sonne gleißt,
doch bisher noch kein Fisch mal beißt.

Der Kasten Bier wird langsam leer,
denn Warten macht doch durstig sehr,
bis einer meint: „Isch glaube nisch,
dass heut´ mer fange´ noch ´ne Fisch!"

Der andre holt die Leine ein.
„Do hot sisch was verfange – fein!"
Mit Vehemenz zerrt da der Gute
an seiner langen Angelrute.

Die biegt sich, als ein gutes Zeichen,
dass er was Schweres konnt´ erreichen.
´nen Zwanzigpfünder, schätz er ein -
ein Wels muss mindestens das sein.

So nach und nach kommt dann ans Licht,
doch ist ein Fisch das wahrlich nicht:
Ein rostig Fahrrad, hier versenkt,
an seinem Haken unten hängt.

Doch freut er sich, weil er sich denkt,
er damit sich nach Hause lenkt,
denn kann nun radeln statt zu schnaufen
und braucht nicht wie am Herweg schnaufen.

Entzündung

Ein Mann will gern im Bett verweilen,
kann das er mit 'nem Frauchen teilen.

Doch leider ist es gar nicht nett,
liegt mit „Angina" er im Bett,
weil die setzt schmerzhaft fest sich als
eine Entzündung tief im Hals.

Es hilft dann mit Kamille gurgeln,
mit Sandpapier den Schlund ausschmurgeln,
Tabletten lutschen groß wie Bohnen
und außerdem die Stimme schonen.

Steckt die Entzündung in den Glieder,
merkt man 's beim Gehen immer wieder,
dann schmerzt die Schulter, oder 's Knie
bei der Bewegung wie sonst nie.

Da hilft der Rotlichtlampen Wärme,
auch Wärmepflaster nutzt man gerne
und Salben oder Medizin
kriegen das schließlich auch noch hin.

Und ist 'ne Wunde nicht ganz rein,
dass nisten sich Bakterien ein,
dann bald entzündet sich das weiter
bis wuchert dort der gelbe Eiter.

Penicillin und etwas Jod
sind hier schnell der Bakterien Tod,
wenn ein Verband drum noch zum Schutz
schützt die Entzündung auch vor Schmutz.

    Doch welches Mittel wendet man
    bei Kerzen-Entzündungen an?

Die Lampe

Es ist 'ne Selbstverständlichkeit:
Ein Schalterklick bringt Helligkeit!
Dann machen Lampen ohne Frage
die Dunkelheit sofort zum Tage.

Die Glühbirne als Symbol steht
auch, dass einem ein „Licht aufgeht":
Wir knipsen an und – Heureka! –
ist plötzlich die Idee schon da
und sind erleuchtet voller Geist,
was manchmal sich als gut beweist.

Nur geb' ich zu, ganz unumwunden,
der Schalter wird nicht leicht gefunden,
denn manchmal geht es nicht so schnelle,
dass einem wird's im Kopf auch helle.

Vor allem wir recht dumm dreinschauen,
hat's uns die Sich'rung rausgehauen.

Die Maus

Es eilte eine Maus behände
schnell fast bis an das Schreibtischende,
eilte zurück und ließ 'ne Spur
von Kratzern auf der Politur.

Ganz emsig huscht' sie hin und her,
vor und zurück und manchmal quer,
wobei ihr langer Mäuseschwanz
fast über 'n Schreibtisch reichte ganz.

Nur Tatzenklicken war zu hören,
als wollt' die Maus die Katz' nicht stören.
Doch der war 's schnurzen-piep-egal,
ob sie herumhuscht wieder mal.

Doch für die Hausfrau ist 'ne Maus
im Haus der allergrößte Graus!

So schimpft sie auf den Stubentiger,
legt der sich, statt zu jagen, nieder.

Ich aber seh´ die Maus viel frohgemuter,
erleichtert sie ...
         ... die Arbeit am Computer.

Mit Handy, eMail, Telefon,
WARP, SMS, Television –
längst haben wir sie schon:
Moderne Kommunikation.

Papierlos

Weil wichtig ist Information,
in Wort und Bild oder auch Ton.
ist Schnelligkeit heute gefragt!

Drum sei es deutlich Euch gesagt:

Auf Schriftlichkeit wird nun gepfiffen –
lieber zum Telefon gegriffen.
Bevor zum Brief der Stift gezückt –
wird schnell ein SMS verschickt.
Keine Buch mehr nötig zum Nachlesen –
man ist im Internet gewesen.
Und eh´ die Zeitung ist gedruckt –
hat man sie längst fernseh-geguckt.

Was bisher auf Papieren steht,
wird als Datei nun abgelegt.
nur elektronisch weit und breit –
so wird „papierlos" heut´ die Zeit.!

    Geht es papierlos munter weiter,
    dann wird´s am „stillen Örtchen" heiter:
    In Zukunft reinigt man´s Gesäß
    nur noch mit Wasser und Gebläs´.

Ein Brief

Wohl früher machte es ein jeder
mit schwarzer Tinte und mit Feder
in schöner Schrift den Brief verfassen.

Doch heute lässt man ´s eher lassen.

Zu mühsam scheint es, kurvenschwingen,
die Worte zu Papier zu bringen;
auch Fehler, die manchmal passieren,
die lassen sich nicht annullieren.

Auch muss man schreibend vorher denken,
welch´ Botschaft will man denn verschenken
und manchmal sich dabei sehr quälen,
um Worte richtig auszuwählen.

Des Weiteren ist es ein „Muss":
Ein gleichmäßiger Tintenfluss,
der nicht verrät, weil sie wird trocken,
wo kam beim Schreiben man ins Stocken.

Auch ist ´s nicht ohne Linien leicht,
dass man nicht von der Zeil´ abweicht,
sonst wird ´s dem Leser nur zur Qual,
wenn geht die Schrift in Berg und Tal.

Wird auch die Schrift in schönem Bogen
mit deutlich` Buchstaben gezogen?
Ist lesbar sie? Nicht Krickelkrakel
zu eng, zu weit, zu viel Gezackel?

So viele gibt es der Probleme,
dass man des Briefes sich nicht schäme
und knüllt zusammen ihn zum Schluss.

Das Handgeschrieb´ne bringt Verdruss!

Man wählt deshalb, mit Achselzucken,
den Brief lieber doch auszudrucken.

Frauen und Technik – das passt selten,
man sagt auch: Sich begegnen Welten!
Doch wenn man sich mal recht besinnt
nicht jedes Vorurteil auch stimmt:

Hochtechnisch (High-Tech)

Stromlinienförmig, glatt und schnittig die Figur,
chromblitzend blinkend auch die Armatur,
ein Traum von Stahl und Polymeren,
den Frauen immer heiß begehren:

Leicht zu lenken und bedienen,
nimmt´s Kurven fast so wie auf Schienen,
scheint mühelos dahin zu gleiten,
behände bei Unebenheiten.

Das Herz der Hausfrau schneller pocht,
wenn´s leise brubbelnd in ihm kocht,
entlässt ´s aus festem Griffe nicht
steigt ihr auch Hitze in ´s Gesicht.

Wenn sie den Traum hat eingeschaltet,
technisch versiert sie ihn verwaltet,
brauch keinen Rat von einem Mann,
ja, lässt ihn überhaupt nicht dran.

Denn Männer selten sich erwärmen,
wofür die Frauen heimlich schwärmen.

> Nur Berge, die sich Bügelwäsche heißen,
> verderben Freude ihr am Bügeleisen.

Aufwärts

Ein Fahrstuhl soll Gewähr uns leisten,
dass er uns wirklich aufwärts bringt.
Doch wenn ihm dieses nicht gelingt,
dann ärgert es zumeist die meisten,

> wenn schuld ist auch ein Schildchen nur
> auf dem man liest: „Reparatur".

Heizungsausfall

Jeder weiß, nur wenn´s wird schwer,
kommt sofort her ein Malheur.
wenn kein Werkzeug ist parat
und kein Handwerker man hat.

So auch, als am Wochenende
sich das Wetter dahin wende,
dass, wie´s ist im Spätherbst halt,
plötzlich wurd es richtig kalt.
Also hat man sich gedacht,
wird die Heizung angemacht.

Doch die streikt und keine Wärme
dringt durch Haut in die Gedärme,
und mit Zähneklappern, Frieren
will sich keiner mehr genieren,
dass in warme Kuscheldecken
man die Glieder muss nun stecken,
bis danach an Nas´ und Ohr
man nur noch ein bisschen fror.

Leider ist es jetzt sehr schwer,
dass kommt ein Installateur,
selbst nicht mal für gutes Geld,
der die Heizung neu einstellt,
weil am „heil 'gen" Wochenende
kein Handwerker rührt die Hände.
Niemand hat da ein Erbarmen,
dass man endlich sitzt im Warmen.

Weil so kalt ist es nicht nett,
dass man geht ganz früh ins Bett
und gedanklich sich bewart:
Man hat so viel Geld gespart.

Navigation

Willst irgendwohin du mal fahren,
und dir da eine Irrfahrt sparen
prüfst vorher Zielort du und Routen,
rechnest in Stunden und Minuten.

Um schnell den kurzen Weg zu finden,
musst du Ort A mit B verbinden
und brauchtest – eh´ du konntest starten –
früher fast hundert Straßenkarten
aus jeder Stadt, aus jedem Ort
bevor du konntest wohin fort.

Zur heutigen Navigation
genügt ein kleines Kästchen schon,
klebt an der Windschutzscheibe meist.

Das meine bei mir „Susi" heißt,
so wie die Stimme, die man hörte,
wenn sie bei „Herzblatt" uns betörte.

Dir wird – anstatt du selber denkst –
gesagt, wohin du ´s Auto lenkst
und einmal richtig programmiert
zu deinem Ziel auch hingeführt.

Mit sanfter Stimme du erfährst
wie du zum Ziel am besten fährst,
wenn aus dem Kästchen freundlich klingt ´s:
„Die nächste Abfahrt bitte links."

Selbst wenn ´ne Ausfahrt hast verpennt
sie niemals dich ´nen Trottel nennt
und gibt dir nie am Falschfahr´n schuld,
mit lammgleicher Engelsgeduld.

Weil sie ist niemals zu vergrätzen
wir sie als Beifahrer sehr schätzen,
denn auch alleine unterwegs
erfreut uns ihre Stimme stets.

Zwar ist ihr Thema immer gleich
und wirklich nicht abwechslungsreich,
doch besser ihre Stimme flötet,
als dass uns Langeweile tötet.

Bei „Susis" vielen guten Seiten,
die unterwegs mich oft begleiten,
krieg ich nur dann so richtig Wut,
wenn besserwisserisch sie tut.

Sie meint: „Gleich ist das Ziel erreicht",
obwohl Nichts mir Bekanntem gleicht:
Erkenn kein Haus zu meinem Kummer
auch stimmt nicht Straßenname, -nummer.

Doch will ich nicht die Fahrt beenden
heißt ´s gleich von ihr: „Bitte jetzt wenden."

Lenk´ ich nach rechts, rechnet sie neu
und meint, dass linksrum richtig sei,
schlag ich nach links das Lenkrad ein,
will sie nach rechts die Straße rein.

So fahre ich im Kreis umher,
und weiß bald selbst wohin nicht mehr,
beschimpfe „Susi" gar zuletzt,
die freundlich bleibt: „Wenden sie jetzt."

Zuletzt muss ich doch jemand fragen,
wie ich zum Ziel steuer´ den Wagen.
und wunder mich, wieso - drauf hin -
ich nicht dort angekommen bin.

> Vergeblich bleibt ein Hilfsbestreben
> hat man das Ziel falsch angegeben!

Der Klaus, der liebt das schnelle Fahren
und trotzt des meistens den Gefahren
Doch neulich hatte er doch Pech:
Ihn hat´s erwischt mit seinem Blech.

Grüne Welle

Der Klaus, der fährt durch eine Stadt,
die allzu viele Ampeln hat.

Da fischt ihn, was ihn ärgert sehr,
die Polizei aus dem Verkehr.

Davon ist er gar nicht erbaut:
„Die ´Grüne Welle` mir versaut!
Zehnmal, da konnte ich es schaffen,
nun haltet ihr mich an, ihr Affen."

Der Polizist schaut ihn nur an,
fängt wortlos dann das Schreiben an
und reicht dem Klaus ein Protokoll
mit einer stolzen Summe voll.

„Wenn einer hier in unsrer Stadt,
tatsächlich ´Grüne Welle` hat,
dann", meint der Polizist bedächtig,
„fuhr deutlich er weit über sechzig!

Drum zahlt die Strafe jetzt gleich bloß,
sonst seid ihr euren Lappen los!"

Am Motorrad will ich nicht flitzen
und lautstark über Straßen röhren.
Ich lieb´ es auch mal abzusitzen,
Natur genießen, Kuckuck hören.

Motorradtour

Die Straßen winden sich durchs Tal,
durch Wiesen, Bäume Wipfel,
dann geht´s hinauf das nächste Mal
bis zu dem höchsten Gipfel.

Die Aussicht, die sich mir dort zeigt,
ist wunderbar und weit.
Wenn die Natur hier oben schweigt
genieße ich die Zeit.

Dann geht es wieder tief hinab.
Ein Bächlein rauscht im Tal.
Ich folg dem Weg in munt´rem Trab
durch Kurven wieder mal.

Da, eine Schänke an dem Weg
winkt mir verlockend zu.
Ich steige über 'n schmalen Steg
und setze mich zur Ruh´.

Es plätschert neben Stuhl und Tisch,
ein Wasserrad sich dreht.
Der Durst verlang nach, was dann frisch
mir durch die Gurgel geht.

Ein Wermutstropfen muss doch sein,
denn eines gilt beim Fahren wohl:
Es gibt im schönsten Sonnenschein,
kein Tropfen dann vom Alkohol!

    Doch Spaß macht auch die tolle Sause
    mit einem Glas nur voll mit Brause.

Relativ

Gern bin zum Treffen ich gekommen,
hab´ Müh´ und Weg auf mich genommen,
um froh mit Lachen, Reden schwingen
die Zeit bei Freunden zu verbringen.

Doch hab ich lange – unterdessen
im Auto lenkend ich gesessen –
an Einsteins These ich gedacht,
die relativ so manches macht:

> Die Logik einfach es beschreibt:
> Des Weges Länge stets gleich bleibt,
> egal ob du am Hinweg bist,
> oder der Weg zurück es ist.

> Jedoch der Logik ganz entgegen
> wir anders oft die Zeit erleben:
> Hin hat man meistens schnell gefunden,
> zurück jedoch – es dauert Stunden.

Ist es vielleicht die Müdigkeit,
dass uns erscheint es dann so weit,
oder ist es vom frohen Ort
zum Alltag dann unendlich fort?

Man wird zum heimwärts hetzenden,
die Ausfahrt wenig schätzenden,
wenn findet man zu spät ein Ende.

Drum reicht Euch rechtzeitig die Hände
zum Abschied, wenn ihr daran denkt
wie lang noch mancher ´s Auto lenkt.

Bahnfahrt

Willst du einmal verreisen,
dann nimm dafür die Eisenbahn:
Denn dieser Zug, der fährt auf Gleisen,
damit er nicht entgleisen kann.

Muckibude

Ich konnte es bereits vor Jahren
von Insidern geheim erfahren:
In „Muckibuden" sich zu quälen
würde den Körper kräftig stählen.

Die Beitragszahlung einen zwing,
dass man geht regelmäßig hin,
und zusätzlich kommt, wie man weiß
für Proteingetränke noch der Preis.

Dort müht für ´n „Sixpack" früh bis spät
die Jugend sich an dem Gerät,
nur um so die Figur zu trimmen,
und Mädchen williger zu stimmen.

Auch ich fänd ´s schön, wenn manche Frauen
so ab und zu nach mir auch schauen,
doch weil der Jugend ich entschwunden,
hab´ ich ´nen andern Weg gefunden,

Statt mich an den Geräten quälen,
geh´ ich die Restaurants auswählen,
wo man am leckersten dort speist,
und keinen Muskel sich zerreißt.

Stolz zeig´ ich: „Ich brauch nicht zu sparen,
kann mit mir gar ein „Fässchen" tragen,
muss geizig nicht wie Jugend sein,
die sparsam trägt ein „Sixpack" klein.

So Frauen die Figur verrät,
wofür mein Wohlstandsbäuchlein steht:
Mit mir kann oft man edelst´ speisen,
zu Traumstränden der Welt verreisen,
ganz exquisit auch shoppen gehen
- statt nur vorm Schaufenster zu stehen -
mit Pool am Haus in bester Lage
und ´s Cabrio für schöne Tage.

Ich schon mich nicht, wenn wer vergleicht,
dem´s grad mal für ein „Sixpack" reicht,
denn wer ein „Fässchen" nicht verbirgt
viel leichter so um Frauen wirbt.

Kirmes

Ein Mensch zur Kirmes geht flanieren,
um sich etwas zu amüsieren,
fährt einmal auf der Achterbahn,
steht an der Würstchenbude an,
vergnügt sich auch am Karussell,
das sich im Kreise dreht ganz schnell.

Dann schlendert er zu einem Stand,
wo „Hau den Lukas" drüber stand,
schaut dort den andern Leuten zu,
die hau 'n den Hammer immerzu
auf einen Dorn, wodurch geschieht,
dass ein Gewicht dann aufwärts zieht.

Auf einer Skala steht voll Hohn,
man sei ein „Muttersöhnchensohn",
oder ein „Schwächling", „Gernegroß".
Erst ganz weit oben steht nur bloß
ein „Kraftprotz" oder „Ganz famos!"

Ein letzter Schlag grad niederzischt,
während er sich am Bier erfrischt,
als das Gelächter in der Runde
vom Misserfolg tut laute Kunde.

Als dann die Menge weitertrollt,
wird er gefragt, „Ob er nicht wollt
den Lukas auch einmal zu hauen,
oder ob er würd´ sich nicht trauen."

Der Budenschreier grinst dabei,
als ob der Mensch ein Feigling sei.

Auch bleiben nun Passanten stehen,
um seinen Fehlversuch zu sehen.

Der Schreier ist das wohl gewöhnt
und ihn darum nochmals verhöhnt,
will unbedingt ihn dazu bringen,
dass Münzen in der Kasse klingen.

Der Mensch, statt sich nun aufzuregen,
neigt diesem Schreier sich entgegen:
„Seid doch so gut, sagt lieber Mann,
wie ich euch denn ansprechen kann?"

Der stolz auf´s bunte Schild hinweist,
das über 'm Stand darüber kreist,
fragt noch erstaunt und was blasiert,
warum den Mensch das interessiert
und sagt drauf keck: „Ich Lukas bin".

Doch merkt er nicht den Hintersinn.

Denn statt ´ner Antwort macht es „Brumm" –
mit einem Schlag fällt er gleich um.

Der Mensch stolz in die Runde schaut:
„Ihr seht, ich habe mich getraut!

　　　Doch nehme ich es sehr genau,
　　　bevor ich einen Lukas hau´!"

Abnehmen

Die Waage meldet schon Protest:
„Du bist zu dick!" stellt sie da fest.

Ich kann zwar nicht die Füße sehen,
doch will ich ´s mir nicht eingestehen.
Na ja, ein bisschen bin ich rund,...
doch schwer wiegt nur der Schlüsselbund!

Drum hab ich alles ausgezogen
und mich noch einmal abgewogen,
doch selbst das leider reichte nicht:
Ich hab´ etwas zu viel Gewicht.

Statt ärgerlich das Haar zu raufen
und wieder mir was Neues kaufen,
beschließ´ ich dann zum guten Schluss,
dass abnehmen ich endlich muss.

Und um den Vorsatz durchzuhalten
versprech´ ich es gar meiner Alten,
dass „Abnehmen" ist nun Programm!
Und sie mich unterstützen kann.

Will manche Mahlzeit nun vergessen,
statt regelmäßig gut zu essen
und nehm´ selbst dann nur an und ab
sparsame Happen zu mir knapp.

Ich denk´ dabei, dass kleinen Bissen,
beim Abnehmen mir helfen müssen,
verkneif´ mir gar, etwas vom Süßen
beim Fernsehschauen zu genießen.

So steht meist Rohkost auf dem Tisch,
und Magerquark, gedünstet Fisch,
dass sich bei solch´ kleinen Portionen
der Abwasch will sich nicht mehr lohnen.

Das geht auch gut – so ein, zwei Wochen,
dass Schmalhans ist nun Chef beim Kochen,

doch immer öfters will ich murren,
weil laut ich hör´ den Magen knurren.

Wenn nachts dann steter Hunger plagt,
man sich dabei schon heimlich fragt,
ob man vom Kühlschrankangebot
nicht doch was abnimmt bei der Not.

Im Dunkeln bin ich hin getappt,
die beste Bissen mir geschnappt
mit dem Gewissen kurz gerungen
und eilends alles doch verschlungen.

Dabei war ich stets auf der Hut,
was ging auch so ein paarmal gut,
dass ich nicht mit dem Eheweib
bekomm´ deshalb noch einen Streit.

Denn ich musste ihr laut versprechen,
weniger zu essen oder zechen,
mich freiwillig selbst zu beschränken
und nur ans „Abnehmen" zu denken.

Doch leider in der dritten Nacht,
da ist sie dann doch aufgewacht
und hat mich dabei gleich erwischt,
als ich mir etwas aufgetischt.

„Ich hatte doch nichts an den Ohren,
als du mir Abnehmen geschworen?"
Sie deutet auf Stapel Wurst
und auf den Schoppen gegen Durst.

Ich kaue noch am letzten Bissen
und überleg dabei beflissen
wie ich nur wortbrüchig nicht bin.
Da fällt mir ein der Doppelsinn:

> So hat zur Antwort sie bekommen:
> „Ich hab ein Stück nur... ab-ge-nom-men!"

Geld

Ach, ist das Geld zu Ende, der Monat aber nicht,
die Geldbörse ich wende, befürchte nun Verzicht.

Wenn sich kein Heller findet, kein Taler fällt heraus,
die Hoffnung mit entschwindet: Leben in Saus und Braus.

Ich mag die Münzen drehen, ihr Wert bleibt immer gleich,
und werde – recht besehen – dadurch kein bisschen reich.

Soll mich der Alltag zwicken, nur Arbeit, Müh´ und Plag
kein Frohsinn mehr beglücken, wie ich es gerne mag?

Muss ich dem Spaß ausweichen, bei Geldmangel akut?
Das Essen kann ich streichen – tut der Figur ganz gut!

Doch braucht der Mensch das Wasser zum lebensfähig sein!
Bevor ich werd´ Erblasser schenkt mir vom Wein noch ein.

Doch wo sollt´ ich sonst sparen, verzichten auf Genuss?
Mit Eid mich offenbaren, wenn ich nicht wirklich muss?

Zum Glück haben die Banken noch Geld im Überfluss.
Den Geldbeutel auftanken ist daher mein Entschluss.

Dann bin ich wieder flüssig, das Leben wieder lacht,
des Sparens überdrüssig ein Fest wird gleich gemacht.

Dann kann ich frisch aufleben mit Freunden, Wein und Bier
das Geld so gern ausgeben – bis das auch schwindet mir.

Es wachsen zwar die Schulden, doch Freude ich jetzt hab!
Auch Berge voller Gulden nimmt man nicht mit in ´s Grab.

Will auf die Sorgen pfeifen, gern mit euch fröhlich sein,
und in die Tasche greifen, um euch ein Freund zu sein!

Beziehungskiste

Was warst du einst so wirklich schick,
´s war Liebe auf den ersten Blick;
allein schon wegen den Konturen
schmachtende Seufzer mir entfuhren.

Für deine Kurven ich geschwärmt
mich für dein Temperament erwärmt,
für deine Ausstrahlung und Glanz.
Ich wollte dich – komplett und ganz.

Dann warst du mein – und ich ein König!
Ich war so stolz, verbarg es wenig,
und hab mit dir auch angegeben,
seit du warst Teil von meinem Leben.

Ich hab´ mich gern an dich geschmiegt
dich in- und auswendig geliebt
und Lustgefühle mich befielen
wenn wir dem schnellen Rausch verfielen.

Als guter Stern auf unsren Wegen
hast Freude du mir stets gegeben!

Nun sieht man dir die Jahre an,
Kosmetik ändert auch nichts dran,
der Lack ist ab, du musst gesteh 'n,
schön bist du nicht mehr anzuseh´n.

Ich geb´ es zu, ich hab seit langem
´ne Liebelei neu angefangen
und möchte nach den vielen Jahren
was Junges, was ist unerfahren.

Als Stimulanz mit allen Sinnen
ganz neue Eindrücke gewinnen,
und auch Erregendes erleben,
das ist zurzeit mein einzig Streben.

Bist in die Jahre halt gekommen,
hast mir die beste Zeit genommen

und, während du bist angerostet,
zu viel von meinem Geld gekostet.

Nun lohnt keine Investition...

...für teuren Sprit und Inspektion
und auch ´ne weitere Rep´ratur
ist Geldverschwendung leider nur.

So will ich dich nicht mehr verwenden
musst auf dem Schrottplatz deshalb enden,
wo ist für Autos letztes Grab.

Das Neue hol ich morgen ab!

Notruf

Nun bin ich ja total entsetzt:
Dein Telefon war nicht besetzt!
´ne Stimme nur hab ich gehört:
„Der Anschluss ist zurzeit gestört."
Es war die Stimme einer Frau,
doch Du warst´s nicht, weiß ich genau.

Hat man vielleicht mich grad belogen,
bist wieder du mal umgezogen,
bist du verreist in fernes Land
hast dich dem Kloster zugewandt?
Ist´s Telefon gar abgestellt,
weil du verprasst dein ganzes Geld?

Im Krankenhäuser ich nachfragte,
es Heilsarmee und Pfarrern sagte,
in Zeitungen, großen wie kleinen
ließ Suchmeldungen ich erscheinen.
Auch Phillip Marlow wollt ich buchen,
dass er von dir sollt Spuren suchen.

Selbst wenn du dich hast gut versteckt,
wirst bald du doch von mir entdeckt!
Ich möchte dich gerne wiedersehen,
ein Stück mit dir spazieren gehen,
vielleicht auch einen Kaffee trinken
und dann in Zweisamkeit versinken.

Bist interessiert so gib ein Zeichen,
kannst mich am Telefon erreichen,
und dann – schnell wie die Feuerwehr –
komm ich sofort zu dir hierher.
Am liebsten würde ich gleich starten,
drum lass mich nicht zu lange warten.

Ich freu mich auf ein Wiedersehn!

P.S. Die Nummer, die ist 4410

Flüssiges und Überflüssiges

„Mit dem Geist ist es wie mit dem Magen:
Man kann ihm nur Dinge zumuten,
die er verdauen kann." Winston Churchill

Lebenselixier

Wer liebt den Wein, für den will gelten,
er hadert mit dem Schicksal selten.
Für Frohsinn und auch Lebensmut
tut ihm ein Gläschen Wein stets gut.

Der Wein mit seiner Rebenkraft
ihm ständig neue Freunde schafft.
Beim Plausch in manchen netten Stunden
sind gute Freunde schnell gefunden.

Mit Freude, Lachen, Gläserklang
wird mancher Abend so ganz lang,
denn Wein, der löst den Zungenschlag,
auch dem, der erst ihn nicht gleich mag.

Wenn Wein uns in die Blutbahn geht
man sich gar schnell und gut versteht.
Vom Rebensaft die kleinen Tröpfchen
benebeln langsam unser Köpfchen,
dass weinselig man stimmt dann ein:
So kann trübsinnig keiner sein.

Bei diesem frohem Gläserklang
erklingt bald auch ein Lobgesang,
und selig tönt die Harmonie,
wie ohne Wein es klingt so nie.

Genießt den Wein und schenkt ihn ein,
denn Wein, den trinkt man nie allein.

Schwärmerei

Wer dürstet bevorzugt in meisten der Fälle
ein Gläschen zu stürzen, so ganz auf die Schnelle.
Doch will man genießen beim Trinken und Naschen,
dann lässt man sich Zeit mit dem Wein aus der Flaschen.

Zwar dauert ´s ein Weilchen, um so zu genießen,
den Kork erst zu heben vor dem Eingießen,
doch ist es bei dem Wein fast wie bei ´nem Weib,
trinkt man nicht aus Kurzweil und Zeitvertreib.

Das Vorspiel des Öffnens, gekrönt mit dem „Plopp",
ist lustvoller stets als ein schneller Galopp.
Genussvoll erwartet man, was man erahne:
Verführung durch glitzernde Weinkurtisane.

Wenn plätschert der Wein hell funkelnd ins Glase,
gleich tausend Aromen erobern die Nase,
sie schmeicheln dem Gaumen, erregen uns gleich
und führen uns weit weg in Bacchus sein Reich.

Und wenn es beim Weine ist der dunkelrote,
der schimmert im Glase wie ein Liebesbote,
mit samtigen Düften und voll Poesie
eröffnet er Pforten ins Reich Fantasie.

Es freut sich das Auge am Weinpokal rund,
erwartungsvoll schmachtet nach Schmecken der Mund.
Erst dann wird ein Schlückchen genussvoll geschleckt
das uns gleich im Gaumen ein Feuerwerk weckt.

Und jedes Mal wieder, beim Griff zu dem Glase,
erfreuen sich Auge und Mund und auch Nase.
Und jedes der Schlückchen ist wahrer Genuss,
vergleichbar beim Weibe wie ein lieber Kuss.

Sanft rinnt es im Halse hinunter dann ganz,
man spürt ein Gefühl wie beim Liebestanz,
wenn sich die Ekstase verströmt aus dem Bauch! –

Und schließlich geschmeckt hat der Wein uns ja auch.

Die Qual der Wahl

Wie jedes Jahr, deshalb auch heuer,
stand wieder an mal eine Feier
und meine Frau meint: „Du allein
kaufst diesmal ein dafür den Wein!"

Gern habe ich das übernommen,
weil doch so viele Freunde kommen,
die edle Tropfen gern genießen
und die ich wollte nicht verdrießen.

Und auf der lieben Frau Geheiß
sollt´ Wein es sein in rot und weiß.

Beim Winzer wurde mir vom Roten
erst **Spätburgunder** angeboten.
„Ein Pröbchen", meint´ der gute Mann,
„man vorab nicht verwehren kann."

Auf **Portugieser** folgte **Cabernet**,
ein **Schwarzriesling** als Kabinett,
sowie der **Auxerrois, Regent**
und **Dornfelder**, den jeder kennt.

Auch ich probiere außerdem
vom **Sankt Laurant**, der sehr genehm,
und auch ein Schluck von dem **Merlot**,
der schmeckte mir dann ebenso.

Doch langsam musst´ ich mich entscheiden,
probierte noch einmal von beiden,
jedoch fiel schwer mir meine Wahl,
drum schmeckt´ ich alle noch einmal,
denn ehrlich ich gestehen muss:
Ein Rotwein ist mir Hochgenuss.

So zwanzig Gläschen, wenn auch klein,
die waren da inzwischen mein.
Da fiel mir ein, es hat geheißen:
„Bring neben Roten auch vom Weißen."

Hier war die Auswahl riesengroß
und wieder ging ´s Probieren los.
Ich wollt´ die Katz´ im Sack nicht kaufen
und musste deshalb weitersaufen,
obwohl mir trudelt´ schon der Sinn.

Riesling, Silvaner zum Beginn,
auch **Müller-Thurgau** schenkt´ er ein,
der Kenner von dem Pfälzer Wein.
Dann **Sauvignon** und **Chardonnay**
und von dem **Kerner** ein Cuvee.
Ortega und auch **Weißburgund**
bildeten bald der Gläschen Rund´,
die war´n als 10tel zwar sehr klein,
doch können viele zu viel sein.

Ich schmeckte Unterschied fast kaum,
denn langsam drehte sich der Raum,
dass ich hielt fest den Weinstubb-Tresen:
„Das war mein letztes Glas gewesen!"

Jedoch der Winzer unbeirrt
schenkt´ weiter ein, was mich verwirrt,
und meinte lächelnd, dass sich Frauen
an trocknen Wein zu selten trauen
und ich mit „lieblich" besser dann
die Weiblichkeit begeistern kann.
„Sie werden diese Weinaromen
in höchsten Tönen danach loben!"

Richtig! Der **Morio-Muskat**
tatsächlich mehr Geschmack noch hat.
Gewürztraminer, Muskateller
stürzt´ ich hinab nun etwas schneller,
denn nach drei Stunden sicherlich
wohl meine Frau vermisste mich.

Den **Eiswein** noch zuletzt zum Schluss
als Krönung ich probieren muss.

Ich konnte nur noch langsam lallen,
doch fand an allen ich Gefallen,
drum machte ich nicht mehr viel Worte,
nahm´ jeweils sechs von jeder Sorte   *(21 Sorten)*

Der Winzer rieb sich froh die Hände
und holte Kisten her behände.
Die Menge, die ich sah dann stehen,
würden ins Auto nicht reingehen...

Doch bot mir gleich der gute Mann
die Lieferung frei Haus noch an
und so kam ich mit ihm, recht blau,   *(23 x 0,10 = gute 2 Liter)*
nach Hause auch zu meiner Frau.

Was sie mir sagte – laut und breit –
verschweige ich aus Höflichkeit.

Pälzer Durscht

Der Pfälzer wird gar oft gefragt
was er bei großem Durst denn labt*.

Der Pfälzer aber widerspricht:

„E Pälzer kennt de Durscht doch nicht,
Er ischt so klug un so besonne
un läscht ´s erscht gar nich soweit komme!"

* laben = trinken

Hilfe

Selbst alten Männern hilft der Wein,
das sieht ein jeder gerne ein:
Mit Wein zwar wird nicht alles möglich,
jedoch das Alter wird erträglich.

Streit

Was wächst im weiten Rebenmeer,
gepflegt von Winzermessern,
in Vielfalt, die beeindruckt sehr,
wenn sie gereift in Fässern.

Der Riesling, Thurgau wird genannt
der Kerner und Burgund,
Traminer, Scheu ist auch bekannt,
tut man von Weißen kund.

Bei Roten Cabernet man nennt,
auch Acolon, Merlot,
sowie Dornfelder und Regent,
Trollinger, Noir Pinot.

Da streiten sich die Leute rum,
ob weißer oder rot
gesund sei, oder mache dumm
in Litern oder Lot.

Das Streiten aber stört mich nicht,
ich höre gar nicht zu.
Ich trinke jetzt mein Weinglas leer
und habe meine Ruh´.

Hoffentlich

Im Wein liegt Wahrheit, wie ihr wisst,
wenn ´s nur in Wahrheit Wein auch ist.

Behauptung

Nun, die Behauptung leider lügt,
dass in dem Wein „die Wahrheit liegt".

Dies mag im großen Fass wohl stimmen –
in meinem Glas nur Fliegen schwimmen

Klageseufzer eines vierfachen Vaters.

Weinverdunstung

Der Mensch, den man den Pfälzer nennt,
von klein auf er den Wein hier kennt,
hat er sie doch in jüngsten Jahren
schon mit der Muttermilch erfahren.

Gewöhnt an diesen Beigeschmack
ist er als Kleinkind schon auf Zack
die letzten Tropfen auszuschlecken
die in geleerten Gläsern stecken.

Bald zeigt er sich ganz brav bestrebt,
wie Korken man aus Flaschen hebt.
Die Hilfe, zu der Eltern Gunsten,
lässt Lethe seltsam schnell verdunsten:
Bevor gefüllt das Dubbeglas
hat er genascht davon auch was.

So kleinliches Stibitzen kann
sich zu Verlusten ändern dann,
kommt er ins jugendliche Alter.

Man wird zum Kellermeister und -verwalter,
beginnt die Flaschen abzuzählen,
ob denn nicht wieder welche fehlen,
kennzeichnet Sorten in den Steigen,
damit er sich nichts kann abzweigen.

Doch alles Rechnen ist vergeblich,
der Schwund inzwischen sehr erheblich.

Ein Schloss, das Weinverlust verhindert,
ihn nur gewisse Zeit vermindert,
bis dass ein Nachschlüssel parat,
den er sich nachgebastelt hat.

So sich der Schwund, mal aufaddiert,
bald kistenweise aufsummiert.

Und wenn man denkt, es geht nicht schlimmer
bringt Freunde mit er noch aufs Zimmer –
wobei ich längst es nicht mehr wage
zu stören deren Trinkgelage.

„Paps" heißt es tags darauf noch keck,
„die letzte Weinflasche ist weg.
Geh´ einmal los, neue zu kaufen,
sonst hast du morgen nichts zu saufen!"

Sind Kinder groß, ist auch kein Schluss
mit ihrem frohem Trinkgenuss,
denn wenn sie zu Besuch gekommen
wird stets ein kräft´ger Schluck genommen.

So geht mein Weinvorrat zur Neige,
so pro Besuch ´ne halbe Steige.

> Drum Eltern in der schönen Pfalz
> Am besten mit dem Spruch ihr halt ´s:
> Es lohnt sich nicht, den Wein zu horten
> trinkt ihn mit Freunden aller Orten.

> „Nun Prost", gefüllt das Glas zum Wohl,
> bevor ich noch ´ne Flasche hol´,
> dem Nachwuchs gönn´ ich die Ration,
> zu lernen Pfälzer Tradition.

Voraussicht

Der Pfälzer ist immer voraus seiner Zeit:
Das Quantum von morgen, das trinkt er schon heut´.

Pfalzwein

Beim Weine ist es wie mit Mädchen,
man findet sie in jedem Städtchen,
doch bleibt beim Kosten eins stets wahr:
Nur aus der Pfalz schmeckt ´s wunderbar.

Durst

Nicht nur weil ich ein Pfälzer bin
geb´ ich mich Trinkgenüssen hin,
doch Lob und Stolz, die sind mir Wurst.

Ich trinke gern – nicht nur vor Durst.

Schoppenweise

Beim ersten Schoppen schmeckt es fein,
schenkst du vom gold´nen Wein dir ein,
hast an die Menge dich gewöhnt
und mit dem Dubbeglas* versöhnt.

Beim zweiten hat es angefangen,
dass färben rot sich deine Wangen
und Worte sprudeln dir empor,
voll Witz und Geist und mit Humor.

So ab dem dritten wird es heiter,
du leerst dein Glas und redest weiter:
Die Welt willst aus den Angeln heben
und umgestalten aller Leben.

Nach weit´ren Schoppen geht´s an Herz,
nun packt die glatt der Weltenschmerz.
Zwar hört dir keiner bald mehr zu,
doch hast du nun zum Trinken Ruh´.

Nach jedem weit´ren Glas – in Schüben –
beginnt´s Bewusstsein sich zu trüben.
Ob du noch schwätzt, ob du nun singst,
dich schlicht blamierst oder nur trinkst:

Am nächsten Tag du nichts mehr weißt.
So sich des Weins Wohltat beweist!

Dubbeglas = Pfälzer Trinkgefäß, ½ Literglas

Ermahnung

Die Pfalz, die ist im ganzen Land
als Weinhersteller gut bekannt.
Im Angebot wird viel geboten,
von Weiß, Rosé bis zu dem Roten.

Schnell ist ´ne Flasche auch besorgt
– wenn nicht wird sie halt ausgeborgt –,
der Kork gezogen, eingeschenkt.

Vorm ersten Schluck sei noch bedenkt:

Solang der Wein im Glase funkelt,
er unsren Geist noch nicht verdunkelt.
Gefährlich wird dem Rebensaft,
der zu genießen ihn nicht schafft.

Wer schüttet Wein sich in den Bauch,
dem steigt der schnell zu Kopfe auch,
die Zung´ wird schwer, die Worte lallen,
bis dass man untern Tisch gefallen.

Trinkt man den Wein jedoch nicht schnell
wird Geist und Witz erleuchtend hell,
kluge Gedanken über Wein,
die fallen einem plötzlich ein.

Drum Leute glaubt und höret hin:
Der Wein kann sein wie Medizin!
Er hilft, wenn nur die Dosis klein
zum Fröhlich- und zum Glücklichsein.

Wein, Weib und Gesang

Genieße froh Wein, Weib, Gesang -
den Wein vor allen Dingen!

Und rät der Arzt zur Mäßigung,
dann lass zuerst das Singen.

Sparsamkeit

Beim Weine, da kann man recht sparen,
denn Geld wird nur dann klug riskiert,
da ist sich ein jeder im Klaren,
wer schöppchenweis´* es investiert.

Bist du nach dem ersten zufrieden,
weil Wirklichkeit endlich verblasst,
kippst gleich einen zweiten hernieden,
dass Ruhe und Muße du hast.

Der dritte wird langsam getrunken,
das Schöppchen gemütlich umfasst.
In Tagträume danach versunken
vergeh´n dir die Eile und Hast.

So hast du Genuss lange Stunden,
dein Geld wird auch nicht aufgezehrt,
weil du, wenn du gehst nach den Runden,
hast nur **eine** Flasche geleert.

*Schöppchen = ein Viertel

Moral

Dass zu viel Trinken nicht gesund,
hört leider man aus Arztes Mund.

Trotzdem gern einer häufig trank.

Ein andrer nippte selten nur,
doch was hat schließlich er als Dank?

Von länger Leben keine Spur,
weil der, der trank, ihn überfuhr.

.

Wildfang

An Mauern, Drähten und Gerüsten
rankt unverdrossen sie sich rauf,
der Rebe mag es gar gelüsten,
dass sie auf Bäume wächst hinauf.

So unverwüstlich und robust
treibt jedes Frühjahr sie aufs neu
aus altem Knorzen kraftbewusst,
wie Unkraut wuchernd ohne Scheu.

Erst unter Winzers Pfleg´ und Händen
wird sie zum edlen Strauch gestutzt.
dass pralle Beeren sie dann spenden,
die reif zum Keltern dann genutzt.

Da gärt im Fass der süße Saft,
bis aus dem Saft wird Wein
und fleißig stets der Winzer schafft
bis dass er klar und fein.

So wird ein wilder Pflanzensprossen
durch Mühe und Geduld
erzogen und ganz unverdrossen
geformt zu unsrer Huld.

Das mir so durch den Kopf durchgeht,
denn wer denkt schon daran,
wenn funkelnd Wein im Glase steht.

Darauf stoß´ ich nun an.

Saurer Wein

Schon die Geschichte hat ´s bewiesen,
Wer sucht vom sauren Wein genießen,
den wird es wie den Römern gehen:

Danach war 'n sie nie mehr gesehen!

Korkenzieher

Die besten Sachen, wie verdrossen,
sind meistens allzu fest verschlossen.
Vor allem das, was einen Mann
so richtig Freude machen kann:

Die jungen Mägdlein, Bier und Wein,
die fallen mir spontan gleich ein.

Die Mägdelein und ihre Tugend
bewacht der Vater – in der Jugend.
Auch Flaschen Rotwein, schwer gesüßt,
ein dicker Korken fest verschließt
und Kronkorken an Flaschen Bier
verweigern oft den Zugang hier.

Willst du nicht warten lang bis spät
brauchst du dafür glatt ein Gerät
was krönt so den Erfindergeist,
weil hilfreich es sich gleich erweist.

Ein Korkenzieher, der erdacht,
beim Weine uns recht Freude macht.
Beim Durst hast du nun keine Sorgen,
kein Inhalt bleibt nun mehr verborgen.

Der meine hilft sogar bei Bier
und öffnet jede Flasche hier,
ist optisch wahrlich keine Zierde
doch nützlich stets bei der Begierde.

Nur bei den Mägdlein, lieber Mann,
dir dies´ Gerät nicht helfen kann.

Kork

Der Winzer klagt, dass Kork so rar.

Ich finde das ganz wunderbar,
weil ohne Kork man leichter schafft
zu kommen an den Rebensaft
und jeder kann nun öfter hoffen,
dass ist die Weinflasche schon offen.

Rezept

Dass Wein gesund macht, find ich Klasse.
Fehlt nur, dass zahlt die Krankenkasse,
die Wein auch auf Rezept verschreibt
damit man lang gesund so bleibt.

Gesundheit

Wer täglich einen Schoppen hebt
wahrscheinlich hundert Jahre lebt.
Nur der die Freude sich verdirbt,
wer viel zu früh zuvor verstirbt.

Lob dem Wein

Am Fenster rinnt Regen hernieder.
Wir sitzen zusammen mal wieder.
     „Mein Schatz, ich hole noch Wein,
     wenn wir beide heut´ mal allein."
Kaminfeuer wärmt unsre Glieder.

Dann schenk´ ich vom blutroten Wein
uns beiden ein Gläschen voll ein.
Im klingenden Glas
als funkelndes Nass
kann Rebensaft wunderbar sein.

Mein Gläschen schmeckt herrlich und fein,
da kann es ein zweites auch sein.
Der Wein tut so gut
und geht mir ins Blut,
so füll´ ich ein drittes noch ein.

Ich fühl´ mich ganz seltsam belebt,
den Arm längst schon um sie gelegt,
wir kommen uns nah,
wie´s früher oft war.
„Mein Schatz, weißt du was mich bewegt?

     Wenn ich ins Gesicht dir so schau´
     ich fast meinen Augen nicht trau´:
     Dein Fältchen-Gesicht
     erscheint jugendlich,
     ´grad wie du warst als junge Frau.

     Auch unter der sonst flachen Blusen,
     da wölben sich wieder zwei Busen
     und Röllchen am Bauch
     verschwinden nun auch.
     Ich möchte so gern mit dir schmusen."

Mein Gläschen ist schon wieder leer,
da muss noch ein weiteres her.
Das tut mir so gut

und macht mir auch Mut,
auch wenn mir die Zunge schon schwer.

„Mein Schatz, das muss ich erwähnen,
statt grau scheinen goldblond die Strähnen,
dein sonst strenger Mund
wirkt sinnlich und rund,
nach dem ich beginn´ mich zu sehnen."
Das nächste Glas wurd´ nicht getrunken.
Im Kuss sind wir danach versunken.
Das Licht geht nun aus.
Die Verse sind raus.

Oh Weingeist, was machst du uns trunken!

Schätzchen

Bei Wein und mildem Kerzenschein,
da soll dabei mein Schätzchen sein.

Nicht dafür, was ihr wollt nun denken –
nein – nur um Wein mir nachzuschenken.

Aufrichtig

Wenn Wein uns in die Lenden geht,
so manches, was erst hing, nun steht.

Der Frau soll das nur rechtens sein,
drum schenkt sie fleißig nochmals ein.

In der Zeitung kann man´s lesen
schuld sei Alkohol gewesen.
der dem Mensch tat gar nicht gut,
verführte ihn zum Übermut.

Auch so mancher manchmal klagt,
dass er Schnaps gar nicht verträgt,
und auch Bier mit Alkohol
tut dem Menschen gar nicht wohl,
denn er soll an Leber, Magen, Nieren
auch zu Schädigungen führen.

Doch ich lass mich nicht verdrießen
meinen Wein gern zu genießen,
selbst wenn das sei ungesund,
und das aus´nem guten Grund:

Wasser

Im Wirtshaus „Zu der alten Mühle"
steh´n im Garten Sitzgestühle
mit Blick auf´s Bächlein, das dort fließt,
wo man den Sonnenschein genießt.

Gern hock´ ich dort bei meinem Wein,
schenk mir so ein, zwei Schöppchen ein,
um zu genießen diesen Saft,
der Freude mir und Frohsinn schafft.

Da setzt sich einer doch dazu
und raubt mir gleich die schöne Ruh´,
ein hagerer, grau und verhärmt,
der anfängt und vom „Wasser" schwärmt,
ein Jünger von dem Bader Kneipp,
bricht so vom Zaun gleich einen Streit.

„Der Rebensaft mit Alkohol
die seien ungut für mein Wohl",
meint er zu mir, „denn sehr viel besser
sei stets ein Trunk von dem Gewässer.
Es sei so klar, frisch und gesund!
Das könnt´ man seh´n, denn aus dem Grund

gäb´s nur in reinem Wasser auch Forellen,
die munter steh´n an den Stromschnellen.“

Er dorthin mit dem Finger zeigt
und inhaltsschwer nun endlich schweigt.

Genau... im klaren Wasser schwimmt,
ein, zwei der Fische, was auch stimmt.

Doch frag´ ich ihn, „Wohin im Fluss
geht die Forelle, wenn sie muss?...
Hab nie ein Fisch an Land gesehen!

Drum lass ich´s Wasser besser stehen,
mag es auch so gesund noch sein...
Ich trinke lieber meinen Wein!“

Achtung!

Tu dir den Durst stets immer löschen
und schenke dir nur kräftig ein,
doch lass das Wasser bei den Fröschen
und trinke lieber Schnaps und Wein.

Dem Ochsen gibt das Wasser Kraft,
dem Menschen dient der Rebensaft.
Drum danke Gott als guter Christ,
dass du kein Ochs´ geworden bist.

Federweißen

Wenn vor einem Wein in dem Dubbeglas steht,
man heimlich noch nach jungen Mädchen ausspäht
und denkt dabei an schöne Zeiten zurück,
dann zeigt sich der Herbst dir mit ganz großem Glück.

Noch wärmt dich die Sonne mit goldenem Schein,
so muss es am Federweißfest doch auch sein.
Man rückt eng zusammen, ob jung oder alt,
von Musik beschwingt wird jeder alsbald.

Es bitzelt die Süße des jungen Weins, und
manch´ freches Wort entschlüpft nun dem Mund.
Doch so bist auch du auf dem Fest nicht allein.
So schön können Herbst und der Junge Wein sein!

Drum nimm von der Süße Schlückchen für Schlück
genieße, so lang es noch geht, jetzt dein Glück!

Im Wein liegt Wahrheit

Was Wein so manchmal Wunder macht,
darüber der verlegen lacht,
wer ihre Wirkung hat erlebt,
weil er nach Wahrheit hat gestrebt.

Wenn oft das Glas geleert´ zum Grund
ergab sich häufig der Befund,
dass man wohl Wahrheit hat verkündet,
doch das Erinnern daran schwindet.

> Drum hebt das Glas und labet wohl!
> Gefährlich ist nur Alkohol.

Schaumlethe

Was perlt so herrlich da im Glase
und bitzelt mir in meine Nase?
Wirft Bläschen gar in meinem Blut
und tut der Seele auch so gut?

Was ist´s,   ...was die Proleten einfach saufen,
            womit Neureiche Schiffe taufen
            und Sieger noch auf dem Podest
            damit die Zuschauer durchnässt?

            ...was in den Bars, ist Mann beweibt,
            die Kosten in die Höhe treibt
            und in Aristokratenkreisen
            man braucht zum Lebensart beweisen?

            ...was einzig wegen Korkenknallen
            uns zu Sylvester will gefallen
            und dient bei Offiziellen wohl
            des meistens als Statussymbol.

Das scheint mir alles wie Verhöhnung!
Die Schaumlethe* ist Lethes Krönung!

Wenn Luftperlen im Glas aufsteigen
beginnt der Tanz der Feen im Reigen
und Leichtigkeit schwebt durch den Raum
erfüllt uns damit jeden Traum.

Unmerklich machen Feen beschwingt
bis es in unsern Herzen singt
und man stellt fest ganz unbeschwert:

            Das Leben ist so lebenswert!

Schaumlethe = Sekt oder Champagner, Lethe = Wein

145

Fast neidisch schaut man zu den Reichen,
die in nichts uns Normalen gleichen:

Wohlstandsbrause

Wird eingeladen zu ´ner Sause,
man oft kredenzt Champagnerbrause,
und da man nichts muss da bezahlen,
sie schwenken die Champagnerschalen.
schenken sich häufig davon ein
vom angeblich so tollem Wein.

So ein Gesöff aus dem Gebiet*,
in dem es sauren Wein nur gibt,
musste man zweifach glatt vergären,
um sich als Trank noch zu bewähren.

Da es nur wenig davon gibt,
wurd´ er als „teuer" doch beliebt,
weil jeder meint sich zu erdreisten,
er muss sich solche Flasche leisten.

Man kann ihn trotzdem kaum genießen,
der als „Besonders" wird gepriesen;
selbst dort in Frankreich man kredenzt
lieber „Cremont" als Konkurrenz.

Viel besser drum in deutschen Gauen
soll eher man nach Sekt ausschauen,
wo Winzer fleißig danach streben
so zu veredeln ihre Reben.

Vor allem so ein Riesling Sekt
tatsächlich wirklich besser schmeckt.
Auch ganz vorzüglich das Bouquet
ist auch Burgunder, Chardonnay.

Drum machen wir jetzt unsre Sause
ganz einfach nur mit Wohlstandsbrause.

* Champagne = Provinz im nordöstlichen Frankreich

Gern wär´ auch ich einmal Poet!
Nun weiß ich endlich wie es geht:

Poet

Der Wein ist uns ein guter Freund,
der man sich anvertraut,
ein Optimist, ein Architekt,
der manches Luftschloss baut.

Reicht gar zum Verse schmieden
die Muse diesen Trank
beflügelt er die Phantasie –
drum sagt der Rebe Dank.

Nur manchmal reicht ein Schoppen nicht,
um die Idee zu fassen,
ein dritter folgt dem zweiten nach
um Reime einzupassen.

Wenn fleißig so ein braver Mann
manch´ Liter schon getrunken hat,
so nennt man den Genießer dann
auch gerne „Liter-at".

Da Wein auch gern den Kopf verdreht,
hat er, eh´ man´s gedacht,
schnell aus des Kopfes Gegenteil
draus ein „Po-et" gemacht.

Wie sonst sollten gelingen
mir Verse so im Nu?
Auch ich bin ein Poet
und proste euch nun zu.

Karaffe

Auf der Kommode steht zum Prunk,
im Raum, in dem ich schaffe,
gefüllt mit einem edlen Trunk
die gläserne Karaffe.

In dem geschliffenen Gefäß
bricht sich der Sonnenschein.
Den guten Tropfen aus „Française"
schenk selten ich nur ein.

Er ruhte viele zwanzig Jahr
in einem Eichenfass,
weshalb es stets besonders war,
macht er den Kelch mal nass.

Der Anlass, der hierfür nur zählt,
dass ihn ein Schluck auch krönt,
wird äußerst selten ausgewählt,
dass der Verlust versöhnt.

Auch wenn der Alltag gibt ´s nicht her,
dass man trinkt gut gelaunt,
wird die Karaffe doch schnell leer –
stell fest ich ganz erstaunt.

Ob heimlich da vielleicht ein Dieb
vom edlen Tropfen nascht?
Ich gäb´ ihm einen kräft´gen Hieb,
wenn ich ihn überrascht´!

Doch dann bemerke ich ein Glas,
das neben mir hier steht. –
Ich trinke halt ein bisschen was,
weil ´s Dichten leichter geht:

Beflügelt wird die Fantasie,
die Muse steigt hernieden,
in Kopf und Geist dringt ein dann sie
bei meinem Reimeschmieden.

Ja, die Begegnung mit der Kunst
als Anlass ist nie klein,
wenn Musen schenken mir die Gunst
um ein Poet zu sein.

Da lohnt es sich zum letztem Schluck
ganz die Karaffe wenden,
auch wenn sie leer nur bloßer Schmuck –

Und ich muss deshalb enden!

Schöntrinken

Das junge Wirtshaustöchterlein
schenkt fleißig ein mir meinen Wein,
lächelt mich an mit Silberblick
und ist auch sonst nicht schlank und schick.

Sie niemals passt da irgend mal
zu meinem Schönheitsideal,
zur pummelig ist die Figur
und kleingewachsen ist sie nur.

Jedoch mit jedem weit´ren Glas
wird schöner sie jedoch etwas:
Die Augen werden strahlend blau,
die Kurven runden sie zur Frau
und auch ihr Gang anmutig scheint,
wenn viele Schöppchen ich vereint.

Deshalb ich schaue voller Dank,
die mir erscheint nun groß und schlank,
zu ihr, dass trunken ich zum Schluss
nun haben will gar einen Kuss.

Sie wehrt mich ab, wird noch viel blasser,
denn sie trank derweil nur vom Wasser
und sieht mich so, wie ich halt bin.

Da macht das Schmusen keinen Sinn.

Vorlieben

Wenn ist der Wein mal ziemlich sauer,
macht keine Freude er auf Dauer.

Die Frauen eher ihn genießen,
wenn sie herausschmecken die Süßen.

Doch wenn gebrannt ist er mal eben,
schmeckt er am besten mir im Leben.

Zur Sommerzeit frönt man dem Weine,
leert manch Gemäß, und zwar nicht kleine.
Schaut hocherfreut nach kessen Maiden,
die sich nun leicht und luftig kleiden.
Vor allem auf des Berges Höh´n
sind auf den Almen sie zu seh´n.
Berauscht von kecker Phantasie
geht man drauf an die Poesie:
Man schwelgt im Sonnenuntergang,
und lauscht dem Herdenglockenklang,
und ahnungsfroh spricht unser Herz:
Glück auf! Jetzt kommt der erste Verz!

Alm Trunk

Dort droben, wo die Kühe weiden,
wo stramm und drall sind auch die Maiden,
da naht ein Jüngling fesch von unten,
der grad´ den Weg zur Alm gefunden.

Erschöpft vom Aufstieg auf den Berg
er richtet gleich sein Augenmerk
auf tönern Becher und die Bank,
auf die er niedersinkt zum Trank.

Die Maid reicht gleich dem armen Knilch
ein Becher voll mit frischer Milch,
doch der wehrt ab mit großem Grausen:
„Von Milch krieg ich gleich Magensausen!"

Da stellt die Maid ihm Wasser hin.
"Ach Mädchen, kein Asket ich bin,
auch brauche ich mich nicht kurieren.
Habt ihr nichts Rechtes zum Probieren?"

Da schlurft der alte Ömi her.
„Macht mit mir diese Flasche leer
mit Enzianschnaps, den ich vor Jahren
selbstgebrannt, konnt´ aufbewahren."

Der Pegel ziemlich schnell dann sinkt.
Bald sind die beiden sehr beschwingt.
Die Sonne hinterm Berg verschwindet
und Mond die nahe Nacht verkündet.

Beschwipst bietet der alte Mann
dem Jüngling eine Bettstatt an:
„Ihr könnt die Nacht gern hier verweilen,
wenn ihr mit mir das Bett wollt teilen."

    Doch wehrt der Jüngling ab bescheiden.
    „Ich würde lieber mich entscheiden
    nach so viel altem Alkohol,
    wär´s mir am liebsten danach wohl,
    die Nacht bei was Taufrischem liegen
    und dabei Milch in Händen wiegen."

Notlage

Erst als mein Magen knurrte schlimm,
fiel auf mir, dass ich hungrig bin
und ´s Abendessen glatt versäumt,
weil ich beim Rebensaft geträumt.

Als in den Kühlschrank ich will schauen,
packt mich dabei nur großes Grauen
weil nicht ein bisschen ich entdeckt,
was mir um diese Uhrzeit schmeckt.

Doch womit soll ich nun es wagen,
vertreiben meine Hungerplagen?

Als letzter Ausweg fiel mir ein:
Wie wär ´s mit noch ´nem Fläschchen Wein.

Kronenzacken

Der Ausspruch ist leider nicht „ohne":
Der hat ´nen Zacken in der Krone,
wenn viel er zusprach Wein, Schnaps, Bier
so dass betrunken wurd´ er hier..

Drum sollt´ sich freuen dieser Knecht
wenn man den Zacken ihm abbrecht,
so dass man ihn nicht weiter schilt
und er nicht als ein Säufer gilt.

Lederallergie

Obwohl es gestern war nicht spät,
mein Kopf der brummt, er schmerzt und weht.

Die Lederallergie spür ich stets dann
hab morgens ich noch Schuhe an.
Auch ist´s in Hemd und Hos´ nicht nett
erwach´ damit ich früh im Bett.

War auf das Feiern so versessen,
dass glatt zu essen ich vergessen
und etwas schuld war danach wohl
die Menge auch vom Alkohol.

Nun schmeckt mir mit der Kopfwehnot
zum Frühstück auch kein Butterbrot
und besser als viel Koffein
hilft meistens nur ein Aspirin.

Auch weiterhin am ganzen Tage
macht mir der Kater stete Plage,
fühl elend mich, bin invalid
auch fehlt es mir am Appetit.

Drum, wenn es heißt, dass Alkohol
enthält viel Kalorien wohl,
macht er mich wie Diät – zum Dank –
nach Übermaß ein Tag lang schlank.

Doktors Rat

Ob wir genug auch wirklich laben*
und stets genug zum Trinken haben?

Der Doktor meint: „Es ist nicht Wurst,
ob ihr habt wirklich auch mal Durst.
Ihr sollt zwei Liter täglich trinken,
um nicht vertrocknend zu versinken,
denn wenn die Haut erst faltig ist
es an der Menge sich bemisst,
ob ihr auch das Gehirn versorgt,
euch Feuchtigkeit vom Körper borgt,
dass dies Organ auch funktioniert
und euch nicht irgendwann blamiert.

Vor allem Rotwein hilft hier viel,
nicht nur am Lebenswertgefühl.
Er hilft dem Herz und auch der Zelle,
dass altern sie nicht arg zu schnelle
Er hilft dem Hirn und auch dem Herzen,
dass nicht Demenz verbreitet Schmerzen.
Vor allem viel Resveratrol
findet im Pinot Noir man wohl.

Drum hebt die Humpen, ihr Kumpanen,
wir lassen uns doch nicht ermahnen,
von Blaukreuzjüngern, die uns wohl
vergällen woll´n den Alkohol.

Trinkt weiter und mit frohen Mute
vom Rebensaft stets nur das Gute,
denn eines sagt die Wissenschaft,
dass Wein uns die Gesundheit schafft,
auch wenn das Maß eher bescheiden.

Wir aber können uns entscheiden,
so nach der Regel: Viel hilf viel!
- auch wenn das manchmal diffizil -
denn an der Menge sich bemisst,
ob man ein Trunkenbold gleich ist.

Doch besser, als dass man verdorrt,
ist mir ein Schwips – mein Ehrenwort.

*laben = erfrischen, trinken

Verkatert

An sich lieb ich dies schnurrend Tier,
das um die Füß´ herum streicht mir.

Sobald ich in den Napf füll´ Futter,
ist für die Katz´ die Welt in Butter
und schnurrend sie verlangt dann bloß,
dass ich sie streichle auf dem Schoß,
wo sie genüsslich sich hinstreckt
und brav das Fell sich sauber leckt.

Doch gar nicht mag ich, wenn ganz früh
mich weckt dies grimmig, schmerzend Vieh,
das sich in meinem Kopf versteckt,
als Alkohol Folgeeffekt.

Dann kratzt der Kater mir im Hirn,
mauzt grässlich laut hinter der Stirn,
bringt mich zum Taumeln, Schwindeln dann,
dass ich fast gar nicht aufsteh´n kann.

Auch schmeckt kein Frühstück, kein Kaffee,
solang mein Kopf tut mir so weh,
ich wünschte nur, dass irgendwer
brächte ein „Alka Selzer" her.

Wenn doch der Kater spräng von dannen
und spielt mit meinem Kätzchen Fangen,
dann wär mein Kopfschmerz schnell vorbei
und mir die Reue einerlei.

Hilfe

Selbst alten Männern hilft der Wein,
das sieht ein jeder gerne ein.
Mit Wein wird zwar nicht alles möglich,
jedoch das Alter wird erträglich.

Weiche Birne

Es kann nicht sein, dass bis zuletzt
man laufend seine Lippen netzt
mit Wein und Bier mit Alkohol,
bis dass die Birne langsam hohl.

Wie soll man da im Dichtungsreigen
noch Sinnvolles dazu beizeiten
nun vortragen ohne zu lallen,
um damit allen zu gefallen?

Manch einer fasst sich an die Stirn,
wenn merkt er, dass die hohle Birn´
von diesem angetrunk´nem Tor
bringt Ungereimtes nur hervor.

Ich lobe mir nun Abstinenz,
zumindest bis zum nächsten Lenz*.

(Heute ist der 28. Februar!)

Lenz = Monat März

Trunken

Wir oft in Bogen und in Bausch
verdammen manchen, der im Rausch,
obwohl er trunken, trotzdem klar
ausspricht die Wahrheit wunderbar.

„Im Wein liegt Wahrheit", das wohl stimmt,
wenn trunken jemand was vorbringt,
was niemand vorher hat begriffen,
doch Spatzen von den Dächern pfiffen.

Drum lauscht den Worten, frei und froh,
wenn Wahrheit kommt zu Tage so,
was Kinder und Betrunk´ne lallen,
könnte als richtig uns gefallen.

Denn es ist wahr: der Weingenuss
führt nicht immer zum Denkverschluss,
wirkt auf´s Gehirn nicht gleich wie Gift,
dass man die Wahrheit trotzdem trifft.

Ganz unbeseelt vom Saft der Trauben,
könnt ihr mir, wenn auch nüchtern, glauben,
dass Trunkenheit – wie ich entdeckt –
auch andre Geister in dir weckt:

> Zwar trunken sein am Alkohol,
> tut auf die Dauer niemand wohl,
> doch trunken sein an Freude, Spiel,
> davon bekommt niemand zu viel.

> Wenn das auch mich verführt zur Sucht,
> sind Verse, Reime dann die Frucht,
> die sich ergibt aus dem Verlangen
> stets damit Frohsinn zu erlangen.

> Seid trunken an den schönen Worten,
> die euch bringen zu solche Orten,
> die nur der Fantasie entsprungen,
> und meistens sind recht gelungen..

Anstoßen

Ja so ein Schnaps mit viel Prozent
ist nichts, wenn man ist abstinent,
doch andernfalls tut er sehr gut,
weil er verdünnt das träge Blut,
räumt Magen auf und die Gedärme
und spendet dort wohlige Wärme.

Deshalb genieße öfter ihn,
so täglich mal als Medizin!

Die Ausrede, die ist doch fein,
schenk dir gleich einen zweiten ein,
um die Gesundheit zu bewahren,
mit einem Obstler oder Klaren.

Und wird die Zuge dir auch schwer,
hast du vom Wohlsein umso mehr
bis du dann meinst, du bist zu zwei´n,
je öfter du schenkst dir noch ein.

Mit diesem Doppelgänger, du,
bist du befreundet gleich im Nu,
kannst voll ihm in die Arme sinken
und brauchst allein nicht mehr zu trinken.

Das schenkt dir außerdem noch Trost.

   Gefüllt das Glas und darauf "Prost"!

So ab und zu, so alle Wochen
bekomm´ ich Lust, mal selbst zu kochen:

Mahlzeit

Wenn ich mal in der Küche stehe,
um eine Mahlzeit zu bereiten,
ruft meine Gattin „Ach und wehe!"
weil sie den Abwasch muss bestreiten.

Es türmen Töpfe sich und Pfannen,
die ich zum Kochen hab gebraucht,
denn ich mach mich ganz schnell von dannen
sobald es aus dem Ofen raucht.

Wenn ich begeistert dort agiere,
glaub ich, es wird ein Festmenü.
Doch was ich dann auch fabriziere,
ein Lob bekam ich bisher nie.

Mit Instand, ob aus Tüte, Flasche,
ich denk´, die Mahlzeit mir gelingt,
auch wenn ich selbst davon nicht nasche:

    Das bisschen, was ich ess´, ich trink.

Tröpfchenweise oder in der Kürze liegt die Würze

Das Liebstöckel, das Suppenkraut,
zählt zu den Würzzutaten.
Zum Kochen ist es altvertraut,
ganz selten mal zum Braten.

Zum Suppeneintopf es gehört,
z. B. zum Pichelsteiner,
und jede Hausfrau darauf schwört,
dass es schmeckt damit feiner.

Mit wenig Tropfen, das ihr Rat
in ihrer Küchenschürze,
wird es nur dann auch delikat
wenn sparsam man hier würze.

Wenn so das Essen abgeschmeckt,
stellt fest man nebenbei,
wie in dem Sprichwort Wahrheit steckt
und wenig oft mehr sei.

So will auch ich jetzt sparsam sein
– ich nehm´ mir das zu Herzen –
und Euch nicht mit zu vielem Reim
den Appetit verscherzen.

Lyoner

Wie es so oft in der Geschichte
wird zur „Lyoner" viel gedichtet,
und manches später rächt sich:

Schon 15-hundert-60
im Kloster Leipzigs, wunderbar,
die Mönche sie gefertigt gar.
Erst später, dann mit Safran, Zimt,
man eingefärbt sie lieber nimmt
und dafür war Lyon bekannt,
so dass man sie danach benannt.

Warum im Saarland sie beliebt?
Weil es da auch den Bergmann gibt.
Der brauchte kalorienreich
am besten ganz viel von dem Fleisch,
doch statt dem Steak, teuer und rar,
war diese Fleischwurst bezahlbar.

Und dass Geschmack beim Essen stimmt
man Maggi Fläschchen dabei trinkt.

Der Feinschmecker dort aus der Pfalz
es lieber kulinarisch halt ´s:
Er mag sie gern naturgetreu
als „Weck" mit „Worscht" und dazu „Woi".

Hausmacher

Ich will jetzt ein Geheimnis lüften,
warum im Pfälzer Rebenland
zum Wein mit besten Wohlgerüchen
die Hausmacher ist wohlbekannt:

Wenn man sich gönnt vom Wein ein Schlückchen,
das rinnt genüsslich in den Magen,
merkt man bei jedem weit´ren Glückchen,
dass man was Deftig´s kann vertragen.

Denn dafür, dass der Kopf bleibt klar,
das weiß der Pfälzer schon als Kind,
isst man als Grundlage fürwahr
ein Brot mit Hausmacher geschwind.

Das Fett, das Mett, der Schwartenmagen,
die Blutwurst, Sülze, Leberwurst
auf dunklem Brot in mehrfach Lagen,
das hilft vor Kopfweh und macht Durst.

Das Kopfweh macht nur wenig Sorgen,
doch wenn der Durst blieb plötzlich aus!...
Denn ´s Trinken schiebt man nicht auf morgen
und ging so viel zu früh nach Haus.

Darum isst man im frohen Kreise
beim Schoppen Hausmacher dazu,
wodurch es wieder sich beweise:
Man kriegt gleich Durst so wie ´ne Kuh´.

So kann man fröhlich weiterlaben*,
so zwei, drei Schoppen** oder vier,
braucht keine Angst beim Trinken haben,
dass es am Durst mal mangelt hier.

Vor allem liebt man hier beim Zechen
der Pfälzer Leberwurst gar sehr:

> Sollt sich die eigne Leber rächen
> trinkt weiter auf den andern er.

* laben, Labsal = trinken, genießen
** Schoppen = ½ Literglas

Die Leber

Der Pfälzer trinkt gern und er wohl
verträgt ganz viel vom Alkohol.
Da hat die Leber viel zu tun,
doch ist auch sie nicht ganz immun.
Drum reicht das nicht, so trinkt er heiter
mit „Leberworschtbrot" einfach weiter.

Beleidigte Leberwurst

Beleidigt ist die Leberwurst,
weil sie wird nicht gegessen.
Denn jeder trinkt nur gegen Durst
und hat sie schlicht vergessen.

Noch ist sie rosig, voll im Dufte,
zu kühler Butter, frischem Brot.
Beachtung zollt keiner der Schufte,
denn niemand leidet Hungers Not.

Nur fleißig wird der Durst gestillt
und sie wird nicht gewollt,
nur Schoppen sofort nachgefüllt.
Die Leberwurst, sie schmollt.

Erst als die Wurst vor Wut ganz grau
in ihrer Schafdarmpelle,
ähnelnd der Pfälzer Art genau,
wird sie verspeist ganz schnelle.

Griebenschmalz

Was immer ich so gerne esse,
schmeckt mir grad als Delikatesse
und braucht nicht mehr als Pfeffer, Salz:

Das ist ein Brot mit Griebenschmalz.

Weck, Worscht un Woi

„Weck, Worscht un Woi",
so die Dreifaltigkeit wohl sei,
in diesem schönen Land der Pfalz,
von dem Gott sagte, „Lang erhalt´s."

Die Weck und Worscht schön handlich sind,
sie so zur Weinberglese man mitbringt
wenn man zur Vesper mal verschnauft,
und Woi ins Dubbeglas neilauft.

Die Weck und Worscht – Brötchen mit Wurst
der Woi – zum Stillen gegen Durst,
die halten Seel´ und Leib zusammen
deshalb die drei sollt nie verdammen.

Vor allem hilft, wie jeder weiß,
das Dritte wenn es richtig heiß,
doch auch an kühlen, kalten Tagen
kann man ein Schöppchen gut vertragen.

Der Durst für Menschen tödlich ist,
wenn er zu trinken mal vergisst
deshalb gibt es - bekanntermaßen -
in Wüsten auch dort die Oasen.

Doch labt man nicht allein vor Durst,
nein, man atzt* Brötchen auch mit Wurst,
denn wenn solide ist der Bauch,
verträgt man viele Schöppchen auch.

Man so dem Tod ein Schnippchen schlägt,
wenn man nur viel vom „Woi" verträgt
und sollte das mal nicht gelingen
wird´s Ende schön, vor allen Dingen.

Denn lieber alles schön sich saufen,
als nüchtern in die Hölle laufen.

atzen = essen

Käsehimmel

Ein Mäuschen fand vor kurzem doch
zur Speisekammer hin ein Loch
und war verzückt vom Angebot,
denn nie mehr litt es Hungersnot.

Er fand in diesem Speisehorten
die besten aller Käsesorten,
wenn auch ihm schwer fiel oft die Wahl
weil sie so international.

Aus Holland und dem Frankenreich,
aus Schweiz und spanisch Gauen gleich,
vom Allgäu und den Alpenwiesen
konnte den Käse es genießen.

Auch aus Italien und dem Osten
war manche Sorte dort zu kosten.
Sogar vom hohen Norden auch
verschwand was Käse in dem Bauch.

Als es genascht von Sorten allen,
kam es auch zu der Mausefallen,
jedoch war hier ein Käse drin,
der als Versuchung macht kein Sinn.

Das Mäuschen eilte weg vom Ort,
denn der Geruch verriet sofort,
dass Appetit macht nicht die Spur
ein Stück vom einem Romadur.

Außerdem

Wenn über Fettgehalt man spricht,
bei Käse mancher doch vergisst,
dass wegen Löcher dicht an dicht,
derselbe leicht verdaulich ist.

Käse

In so ´nem runden Käseknilch,
da steckt doch eigentlich nur Milch.

Doch auf dem Teller dann am Tisch
da stinkt er einfach fürchterlich
und ist für Nasen ´ne Tortur,
der würzig duftend´ „Romadur"

Dabei fängt alles harmlos an:
Milch in den Bottich aus der Kann´,
dann Lab hinzu, bis ausgeflockt
das Kasein letztendlich stockt.

Die Molke wird dann abgegossen,
– sie wird zum Abnehmen genossen –
den Rest in feste Formen pressen,
was wir als Käse wollen essen.

Der Laib in Salzlake muss schwimmen,
bis außen fest und weich noch innen,
kommt danach hoch auf das Regal,
wo reifen muss er viele Mal.

Von rotem Schimmel überzogen
wird er gehegt, gepflegt, gewogen,
bis schließlich er wird hübsch verpackt
im passendem Karton exakt.

Aus Käsetheken er dann riecht,
als ob da was vor sich hinsiecht,
und jeder macht ´nen großen Bogen
bis der Geruch ist dann verflogen.

> Nur ab und zu erscheint er lecker
> für jemand, der sich nennt Feinschmecker.

Käseduft

„So ein Käse" schimpft nur der,
dem die Aufgabe zu schwer,
dem was nicht so recht gelingt,
ergebnislos die Zeit verbringt.

Wer so spricht, der denkt mit Grauen
was zu essen wir uns trauen:
Milch versetzt mit Kälberlab,
dass gerinnen es so mag
und dann alternd, ungelogen,
oft vom Schimmel überzogen.

Andere ihn gerne essen –
schätzen die Delikatessen,
die in Klöstern, lang´ vor Zeiten,
Mönche wussten zu bereiten,
und sich hunderte von Jahren
konnten das Rezept bewahren.

Der Geruch, den er verbreitet,
manchem den Genuss verleidet,
doch für wahre Käsekenner
sind grad die der große „Renner":

„Limburger" aus deutschen Gauen,
„Romadur", rot anzuschauen,
„Stinking Bishop" - trägt s im Namen -
wie „Stilton", aus England kamen.

„Époisses" Napoleon speiste,
doch verboten, wenn man reiste
per Gesetz in Bus und Bahnen.
Den Geruch könnt ihr erahnen.

Auch der „Roquefort" und der „Munster"
geben streng riechenden Dunst her.
Schlimmer ist noch „Pont l´Éveque"
da bleibt ein 'm die Luft grad weg.

Wer sich nicht davon verdrießt
sie zum Rotwein fein genießt
und macht als Gourmet sich´s nett,
mit dazu nur was Baguette.

Und bei den Delikatessen
kommt nur selten wer zum Essen,
weil sie die Gerüche scheuen
statt sich am Geschmack zu freuen,
so dass du am Abend fein
hast sie nur für dich allein.

Frühstück

Von warmen Semmeln, lecker,
die weg wie nichts beim Bäcker,
der Duft mich morgens gleich verführe
zur süßen Erdbeerkonfitüre,
zu Honig oder zu Gelee
mit einer Tasse Kräutertee.

Auch Brot, das eben noch gebackt,
und dessen Kruste herzhaft knackt,
mit etwas Butter und was Salz,
oder noch besser Griebenschmalz,
sind wahre Köstlichkeiten,
die warme Milch begleiten.

Solch Frühstück ich wohl gerne mag
bevor beginnt der neue Tag,
mit den Gerüchen frischer Wurst,
Orangensaft gegen den Durst,
und außerdem gehört dabei
ein weichgekochtes Frühstücksei.

Auch Käse schön in Scheiben,
kann ich früh gerne leiden.
Tomatenecken liegen schon
bereit zur Dekoration,
wozu ´s auch Petersilie gibt.

Nun auf! Und Guten Appetit.

> Doch leider fehlen mir die Zeiten,
> mir solche Freuden zu bereiten.

> Denn – weil ich stets zu spät aufsteh´
> genügt mir nur ein Pott Kaffee.

Moritat vom Butterbrot

Ein Kaffeeduft des morgens zieht
durch´s Haus,
verlockend und ganz frisch gebrüht.

Am Küchentisch auf buntem Tuche
glänzend Geschirr ist zu Besuche,
auch blitzt von dort schon das Besteck.
Und in der Pfanne brutzelt Speck.

Am Teller liegt im Morgenrot
duftend´ne Stulle Roggenbrot
mit Kruste, der so knusprig braun
ist ihre Frische anzuschau´n.

Der Buttertopf, leicht zu erreichen,
lockt, dick sie damit zu bestreichen,
um Wurst in fetten runden Scheiben
– da brauch man sich nicht zu bescheiden –
ganz großzügig darauf zu legen.

Das soll den Appetit anregen.

Und oben drauf soll alles schmücken
noch Käse in geschnitt´nen Stücken.
Auch dünne Scheiben von Tomaten
sind dann als Blickfang anzuraten.

Daneben aus dem Gurkenglas
geviertelt Saures auch etwas
und dottergelb sind noch dabei
zwei Hälften vom gekochten Ei.

Mit grünem Petersilienstrauß,
sieht lecker nun das Frühstück aus.

Bis einer hat sich hingesessen
und einfach alles aufgegessen.

Moral: Auch Schönes nicht von Dauer ist,
        wenn du am Morgen hungrig bist.

Saures

Es säuert die Milch mir im Kruge.
Es säuert der Rollmops im Fass.
Es säuert bei Unfug der Kluge
und säuernder Regen macht nass.

Es säuen die Säue im Stalle.
Es säuert der Drops mir im Mund.
Es säuern Zitronen uns alle,
doch Sauer macht lustig, gesund.

Es säuert die Gurke im Glase.
Es säuert der Ampfer im Feld.
Zu saurer Salat wird zum Fraße
und saueres Bier abbestellt.

Man säuert bei allzu viel Ärger,
auch säuert die Essigessenz,
wird sauer stets beim Drückeberger
und säuerlich wirkt Abstinenz.

Äh – Auch sauer wird langsam der Hörer,
der lauschet solang diesem Mist.
Doch sauer werd´ ich nur durch Störer,
wenn mich mal die Muse geküsst. – Also weiter...

Es säuert der Teig in dem Trog,
ganz sauer ist manchmal der Wein,
noch saurer die Frau, wenn ich log
warum ich so spät komme heim.

Der Schläger gibt Saures durch Hiebe,
und Säure braucht die Batterie,
im Trott versauert die Liebe,
und Sauer ein Land irgendwie.

Es säuern die unreifen Pflaumen.
Es säuert der Blödsinn im Wort,

drum senkt endlich Ihr Euren Daumen,
dann mache ich mich von hier fort.

Fisch

Es schwamm ein Fisch ganz lang im Meer,
bis dass ein Fischer schippert her.
Der fischte ganze Tage lang,
wohl weil er lebt vom Fische Fang.

Als sich der Fisch im Netzt verfangen
konnt´ er nicht mehr ins Meer gelangen.
Hilflos mit tausend er dort strampelt´,
doch half ihm nichts, dass er rumhampelt´.

Es war umsonst! – Doch das Famose:
Er schmeckt uns nachher aus der Dose.

Heringsbude

Salzig weht Wind am Nordseestrand.
Am Hafen dort die Bude stand,
von der es lecker hat gerochen,
wo großartig wurde versprochen
dass hier bestimmt sei jeder Fisch
vom Kutter grade und fangfrisch.

Um eins der Brötchen ich wollt bitten,
mit Zwiebelringen fein geschnitten,
und legte es nur kurz beiseiten
um meine Zeche zu bestreiten.

Da kam ´ne Möve angeflogen,
hat sich den Fisch herausgezogen,
eh ich ein Bissen konnte essen
und ihn, statt meiner, aufgefressen.

Der Budenchef grinste am Rand
über die freche Diebesbande
und bot mir als Ersatz gleich dann
´nen weit´ren Fisch für ´s Brötchen an,
statt dass ich müsst´ herunterschlingen
ein Brötchen nur mit Zwiebelringen.

Stoßseufzer eines Matjes

Ein Hering träumt im kalten Wasser:
„Ach, gäb´s nur viele Matjeshasser,
dann brauchte ich mich nicht um Morgen
und wegen Fischern mich so sorgen.

Ich viel an Freiheiten gewänne,
wenn dümpelten auf Meereskämme
die Fischerboote nicht mit Netzen,
mit denen sie so nach mir hetzen.

Es reicht schon, dass viel Raubgetier
schwimmt auch noch hier im Meer mit mir,
die ebenfalls nicht wollen missen
mich armes Tier als Leckerbissen.

Jedoch der Mensch ist wie versessen
mich irgendwie auch aufzuessen,
ob man geräuchert mich mal hat
ob kleingeschnitten als Salat
und auch kein bisschen ist es wert
wenn man mit Sahne mich noch ehrt.

Ich hasse auch die roten Tunken
in denen viele schon ertrunken,
auch aufgerollt als Rollmops dann
ich gerne drauf verzichten kann.

Im Salzfass oder etwa „grün"
es nie erstrebenswert mir schien,
und ebenfalls ist´s mir ein Graus
macht man aus mir etwa „Labskaus".

Am liebsten würd´ es für mich stimmen,
man ließe mich ganz einfach schwimmen
und alle Menschen wär 'n vegan!

Dann liefe aus kein Fischerkahn!

Heringslos

Ein junger Hering schwamm im Meer
und freute sich der Jugend sehr.
Was wollte er mit großem Streben
in seinem Leben noch erleben:

In allen Weltmeeren zu schwimmen,
ein Heringsmädchen auch gewinnen,
dann einen Schwarm mit Nachwuchs gründen,
und erst im Alter Ruhe finden.

Drum wollt´ er achtsam nicht vergessen,
dass er zu früh wird schon gefressen.

Doch schon am nächsten Tag war´s aus:
Man zog ihn aus dem Wasser raus,
auf dass sein Traum im Netzt beendet
und in der Fischfabrik er endet.

Als erstes merkte er benommen,
dass man ihn grad hat ausgenommen;
auch war er bald nicht mehr so ganz
weil fehlten ihm der Kopf und Schwanz
und ebenso ganz unverdrossen
verlor er auch noch seine Flossen.

Während er noch am Fließband weilt,
da wird sein Körper schon zerteilt
und kommt dann als Filet, nun lose,
in eine große Weißblechdose.

In Soße liegt er nun zur Ruh´,
als man schon klappt den Deckel zu,
der ihn vor Fressfeinden bewahre.

Wenn´s gut läuft sogar viele Jahre,
so dass sich nun, ohne Beschwerden,
sein Wunsch erfüllt,
                           sehr alt zu werden.

Heringsatzung

Ein Hering oft so ab und an
sehr gern im weiten Meere schwamm,
mit silberschuppig, schönem Leib
zu suchen sich ein Heringsweib.

Nach langem Suchen fand er dann
ein Heringsweiblein irgendwann
und wünschte sich, das war wohl klar,
´ne riesengroße Heringsschar.

Doch da vor Liebe er ganz blind,
schnell sich im Fischernetz befind´,
so dass die Freude war nicht lang,
als man herauszog diesen Fang.

Vorbei war ´s gleich mit Nachwuchs, Frau,
weil ´s ging zum Fischfabriken Bau.
Nun schaut er aus ziemlich verdrossen,
ganz ohne Kopf und ohne Flossen.

Doch bald mit Äpfeln, Zwiebeln, Sahne
ich ihn als Hochgenuss erahne,
die Atzung*, die ich liebe sehr,
den Heringsfang frisch aus dem Meer.

Nur schade ist ´s, dass er vorher
nicht für den Nachwuchs sorgte er.

*Atzung = Speise

Makrele

Es träumte die Makrelen
von leckeren Garnelen,
von dem Sardinen Riesenschwarm
wenn´s nur nicht kalorienarm.

Denn die Makrele find es nett,
wenn sie wird groß und sie wird fett,
ein Raubfisch, der so alles frisst,
was ihm als Nahrung dienlich ist.

Ihre Gefräßigkeit ist groß,
drum braucht es blanken Haken bloß
um sie zu fangen aus dem Meer,
mit Blinker dran und sonst nichts mehr.

Dann ist sie nicht fidele,
die grausilbern Makrele,
wenn sie am Haken zappelt sehr
und man sie zieht aus ihrem Meer.

Am leckersten kommt dieser Fisch
ganz frisch gebraten auf den Tisch.
Auch isst man sie gern ganz gepflegt
gegrillt, geräuchert, eingelegt.

Und man bei jedem Biss entdeckt
wie kräftig ihr Aroma schmeckt.

Ach du, liebe Makrele,
Genuss für Leib und Seele,
friss du nur weiter, bis ich dann
frisch aus dem Meer dich fangen kann.

Lukullische Moritat über den Spargel

Ein Spargel in der Frühlingszeit
wagt sich hervor – ein Stück zu weit!

Kaum ist sein Köpfchen vorgekrochen,
wird er tief unten abgestochen,
so dass sein junges Leben endet.

Er wird in Kisten rasch versendet.

Beim Kaufmann liegt er im Regal,
da ist es ihm schon längst egal:
Sein schlanker Körper wird erwählt,
zu einem Bündel zugezählt,
und landet dann, noch richtig frisch,
zum Mittag auf dem Küchentisch.

Mit einer Klinge man ihn schneid´
und zieht die Schale ihm vom Leib.
Er weiß noch nicht, wie ihm geschieht,
wird er in heißem Sud verbrüht,
durch eine Zange drangsaliert
und dampfend auf dem Tisch serviert,
mit heißer Butter überschöpft
und dann zuletzt – auch noch geköpft.

   Und die Moral von der Geschichten:
   Sei vorwitzig – mitnichten!

Hüllenlos

Wenn ich dich vor mir liegen seh´,
ich still und heimlich dir gesteh´,
dass deine Formen rundlich, fest
Gelüste gleich entstehen lässt.

Nur etwas es darunter leidet,
weil du bist völlig noch bekleidet.

Viel lieber, muss ich eingestehen,
würd ich dich ohne Hüllen sehen,
drum frag´ ich mich, wie schaff ich ´s bloß,
dass du wirst schnellstens hüllenlos.

Nicht länger will ich mich noch quälen
und dich aus deiner Kleidung schälen,
denn deine wunderbare Rundung
macht neugierig mich auf Erkundung.
weil nur dabei kann ich entdecken
was willst du Schönes mir verstecken.

Zuerst hab´ ich mich nur getraut
zu fühlen deine warme Haut
bevor ich zärtlich fange dann
mit dem Entkleiden langsam an.

Als du entblößt bis schon ein bisschen,
gäb´ ich dir gern darauf ein Küsschen.
Und weiter dann mit jedem Stück
versprichst du mehr mir von dem Glück.

Als endlich du bist ohne Hüllen
bewunder´ ich dich erst im Stillen
wie herrlich siehst du nackt doch aus,
versprichst mir reinsten Liebesschmaus.

So wirst du mich sehr bald verführen
dich völlig mit dem Mund zu spüren,
doch noch will ich dich ganz betrachten,
die Makellosigkeit beachten.

> Drum wart´ ich ab. – Bin ja kein Stoffel,
> bevor ich ess´... dich Pellkartoffel.

Heißhunger

Ich werd verrückt, wenn ich sie seh´,
- zwei stramme runde Dinger -
wenn ich so staunend bei ihr steh´,
auf die sie presst die Finger.

Sie knetet hart, sie drückt graziös,
schaut träumend auf sie nieder.
Dies wirkt auf mich sehr deliziös,
verschämt senk ich die Lider.

Sie streichelt zart über sie hin,
mich macht das fast verrückt
ganz heißhungrig ich danach bin,
wenn sie sich auch noch bückt.

Dann gibt sie frei die Rundungen,
zeigt sie mir voller Größe.

    Ich ende die Erkundungen
    der selbstgemachten Klöße.

So mancher, der „Saumagen" isst,
dabei das arme Schwein vergisst.

Das Schwein

Kommst Du als Schwein auf diese Welt,
so ist es schlecht um Dich bestellt:

Als Ferkel unter Metzgers Händen
kann viel zu früh Dein Leben enden,
um dann im Ofen heiß zu braten,
bis Du als Spanferkel geraten.

Entgehst dem Schicksal Du mit Glück
ereilt als Sau Dich Dein Geschick:
Du wirst - vom Schlachter doch erwischt –
als „Saumagen" heiß aufgetischt.

Am Teller liegst Du und denkst „Schwein,
was ist die Welt doch so gemein!"

Delikates

Wenn man die Pfalz besuchen kommt,
es allen Gästen meistens frommt,
die Winzerstuben zu studieren,
um köstlich´ Weine zu probieren.

Ein jeder ist auch gern dabei,
besucht man die Schnapsbrennerei,
weil hier der Geist im Glase steht,
bevor er dann zum Kopfe geht.

Auch kehrt man ein zum Kennenlernen,
in Straußwirtschaften und Kavernen
was Pfälzer Küch´ zu bieten hat
und – um zu essen sich mal satt.

Bei Leberknödel, Fleischknepp, Kraut,
in großen Bergen aufgebaut,
ist jeder liebend gern dabei,
wer kräftig frönt der Völlerei.

Jedoch beim Pfälzer Leibgericht
verzieht fast jeder sein Gesicht
und will partout es nicht mal wagen,
zu kosten etwas vom „Saumagen".

Dabei ich mir ganz sicher bin:
Es ist vom Schwein das Beste drin!
Nur ist die Hülle von der Sau –
vom Magen, nimmt man´s ganz genau.

Bei Weißwurst, Wienern, oder Knackern,
kein Zweifel will da je aufflackern,
da ist im Kopf niemals Alarm
Jedoch **die** Hülle ist vom Darm!

Drum besser ihr dort Essen geht,
wo ihr die Speisen nicht versteht
und dann bestellt in nobler Suite:

    „L´ estomac de la truie".*

gefüllter Schweinemagen = "Saumagen", Pfälzer Spezialität

Ausflugsfahrt

Grunzend tönt ´s vom Schweinekoben,
wie Schweine ihren Bauern loben:
„Das ist ein rechter Bauersmann,
der mit uns Schweinen umgeh 'n kann.

Der Schweinetrog ist stets gefüllt,
dass unser Hunger wird gestillt
und wir sind fett bald, rund und groß.
Der Bauer ist doch so famos!

Auch Esskastanien, Buchenecker,
wie Mais mischt er ins Futter lecker,
hat installiert ´nen Automat,
wo ´s immer frisches Wasser hat,
und hält auch matschig eine Kuhle
in der sich prächtig jeder suhle.

Doch dass der Dreck nicht zu dick sitzt,
er wöchentlich und warm abspritzt,
bis wieder rosig wir erscheinen
mit Ringelschwanz auf Schinken-Beinen.

Selbst Ferkel, die vergisst er nicht
und spendet wärmend rotes Licht,
dass sie gesund zu Schweinen werden.
Es ist das Paradies auf Erden!"

So grunzt und quiekt es überall
in diesem schönen Schweinestall.

„Hört her!" sagt da ein Schwein zum Schluss,
„Das Beste ich noch sagen muss,
was ich vom Bauern hört´ am Zaun
– ihr werdet glauben mir es kaum –
wie er da brummelt in sein´ Bart:
Wir machen eine Ausflugsfahrt!

Wohin, konnte ich nicht erfahren,
doch werden wir im Bus gefahren,

schön ausgelegt mit frischem Stroh,
nur dass es uns gefällt drin so.

An Fenstern, die geschützt mit Gittern,
könnt frische Landluft ihr dann wittern
und sehen viel von der Natur.
Dass wird ein Spaß für uns dann pur!"

Tags drauf sind sie brav eingestiegen,
sich eng zwar aneinander rieben,
doch wurde nicht zu viel versprochen –
auch wenn es etwas streng gerochen.

Man fuhr sie quer durch´s ganze Land
wo man konnt´ sehen allerhand.

Am Ziel sollt´ es zur Krönung geben:
Besichtigung vom Schlachterhaus.

Dort sie verloren dann ihr Leben,
zu dienen uns als leck´rer Schmaus.

Moral: Gar manchmal man sich schrecklich irrt,
        wenn Gutes dir versprochen wird.

Bratwürstchen

Ein Würstchen aus der Metzgerei
fand, dass es etwas blass doch sei.
und dachte sich im Sonnenschein
„Wie könnte ich was dunkler sein.
so knusprig, zum Reinbeißen schön?"

Da fiel ihm ein, das müsste geh 'n:
Es legt sich für ´ne Weile still
ganz einfach auf den heißen Grill.

Wenn man vergisst es nicht zu wenden,
wird lecker es im Bauch mal enden.

Ferkels Wunschtraum

Als Ferkel klein auf dieser Welt,
pflügend durch Wiesen, Äcker, Auen,
hat es sich immer vorgestellt
mal prächtig auszuschauen.

Es wollte dann als großes Schwein,
wenn ´s mächtig dick und rund und fett,
mal etwas ganz Besondres sein:
Ein Pfälzer Original wär nett.

Man über ihn verbreitet Kunde,
in Zeitung, Journal und TV,
er wär berühmt – in aller Munde
und um ihn reißt sich jede Frau.

Es nascht´ von Eicheln, Keschde*, Ecker,
wächst bald heran zum großen Schwein,
und hofft nun auf Talententdecker,
der ihn als Pfälzer Star fänd´ fein.

Das ist ihm schließlich gut geglückt...

Ein Metzger nämlich hat ´s entdeckt.
Als Pfälzer Leibspeis´ es entzückt
und uns als „Saumagen" heut´ schmeckt.

Nun liebt man ihn zur Mittagsrunde,
er liegt am Tisch als Hauptgericht,
und ist bestimmt in aller Munde.

      Doch so hat er ´s gedacht sich nicht.

Keschde = Esskastanien

Am Grill

Wer frisch gebrutzelt Fleisch gern will,
der legt es gerne auf den Grill.

Denn Holzkohle mit roter Glut
macht angeblich das Grillgut gut
und erst vom Feuer her der Rauch
verbessert es geschmacklich auch.

Wie man es aber zubereitet
sich allerdings sehr unterscheidet.
Vor allem, wenn es muss auch sein,
etwas vom Rind, vom Lamm und Schwein.

Und ebenso wird angeraten,
dass Würstchen werden auch gebraten.

Nun muss man wenden und bewachen,
bis richtig fein die leckeren Sachen:

Der eine mag es fast noch roh,
mit Durchgebraten andre froh.
der nächste es vom Grill erst packt,
wenn dunkelbraun die Kruste knackt.

       Nur wenn man es am Grill vergisst,
       es schwarzbraun danach niemand isst.

Gänseklein

Ein Gänslein, als es war noch klein,
wollt gern wie Mama Gans mal sein;
bewundert sie mit Staunen,
noch ganz mit weichen Daunen.

Lang konnte es genießen
das Gras auf grünen Wiesen
und außerdem es sich oft freut
auf Körner, die der Bauer streut.

Tagaus, tagein am Gatter
hört man sein froh Geschnatter.
So wuchs es kräftig und wie nett
es wurde rundlich und auch fett.

Mit großen, weißen Schwingen,
könnt´ ´s Fliegen ihm gelingen.
doch blieb es da, auch wenn sie kann ´s,
herangewachsen zu ´ner Gans.

Jedoch die Zeit, die naht heran,
dass zu St. Martin denkt man dran,
sie sei so gut geraten
für einen Gänsebraten.

Und keiner leider achtet kaum
dabei auf Gänschens Lebenstraum.
Noch einmal schnattert sie auf laut...

...

Nun knusprig braun ist ihre Haut,
bei Rotkraut und mit Knödel gar.
Dies Ende war ja absehbar.

    Doch wärmt mit Daunen sie wie nett,
    uns nächtens nun im Federbett,
    Drum sollt ihr nicht versäumen,
    für sie weiter zu träumen.

Liebesmahl

Lehmann fand es richtig nett,
dass zu einem Festbankett
wurde freundlich eingeladen.
Und er denkt „Es kann nicht schaden,
käm´ ich früh zur Festlichkeit,
hätte ich zum Essen Zeit,
Speisen reichlich vom Büfett,
Trinkbares vom Kabinett
und das Schönste, ganz famos,
alles auch noch kostenlos."
Allerdings sei es auch Sitte,
dass man käm´ im Frack doch, bitte.

Lehmann sucht nach Hos´ und Rocke,
Weste und ´ner dunklen Socke,
wie nach einem weißen Hemd
an das er eine Fliege klemmt.

Doch er merkt: Seit Jugendtagen
hat er das nicht mehr getragen:
Um den Bauch die Hos´ kaum langt
und der dunkel Rock, der spannt,
wie die Westen, die mit Not
schließt nur unter Atemnot.

Mit ´ner Schärpe er bedeckt
den strammen Sitz, den sie versteckt.
und, wenn ´s ihn auch zwickt und zwackt,
zeigt er sich doch bald befrackt.

So erscheint er bei den Feste
wird begrüßt wie alle Gäste
und jovial als Lebemann
nimmt er stramme Haltung an,
atmet flach, bemüht sich auch
einzuziehen seinen Bauch.

Dies gelingt, solang er steht.
Selbst als er zum Büffet geht

und den Teller sich belädt
nichts von seiner Qual verrät.

Erst als er am Tisch nimmt Platz
quillt hervor sein Bauchansatz
über´m engen Hosenbund,
wo die Schärpe wölbt sich rund.

Lehmann lässt sich nicht verdrießen,
um das Essen zu genießen
und ganz ohne schlecht´ Gewissen
schaufelt er hinein sich Bissen,
spült den Happen hinterdrein
gläserweise edlen Wein.

Zwei- und dreimal er noch geht,
weil noch was am Büffet steht.

Doch selbst Schneiderqualitäten
helfen nicht bei dünnen Nähten...

„Ratsch" – die Enge ist vorbei –
denn die Hose reißt entzwei,
doch er schenkt dem kein Gehör,
solang der Rock kaschiert ´s Malheur.

„Pling" – ein Knopf geht jetzt perdü!
Vergeblich hat mit Liebesmüh´
an der Weste der bezweckt
dass sie den Leib ganz gut versteckt.
Und mit einem trock´nen „Plopp"
springt gleich weg der nächste Knopp.
Auch die Schärpe knirscht und Ösen
beginnen langsam sich zu lösen.

Lehmann nun doch lieber geht,
bevor er ganz im Freien steht,
und nach einem letzten Schluck,
sagt er „Ade" mit Händedruck.

Eilends er zum Ausgang strebt
Lehmann – wie er leibt und lebt:

> Denn, wenn ´s auch die Kluft zerreißt,
> er hat gut umsonst gespeist.

Kaffee

„K-A-F-F-E-E,
trink nicht so viel von dem Kaffee!
Denn dieser schwarze Türkentrank,
schwächt nur die Nerven, macht dich krank.
Drum sei doch nur kein Muselmann,
der davon gar nicht lassen kann."

Dies Lied aus alten Kindertagen
kann ich fast gar nicht mehr ertragen,
denn fehlt mir dieses Elixier
kein Muntermachen hilft dann mir.

Auch hat die Wissenschaft bewiesen,
wenn wir in mäßig nur genießen
hilft er dem Herzen und Verstand,
macht hurtig auch den Bummelant.

Man braucht sich deshalb nicht zu schonen
beim Labsal aus den braunen Bohnen,
und ihn genießen Tag für Tag
egal wie man ihn trinken mag.

Mal mit viel Milch, bis er ist weiß,
mal zuckersüß, gleich löffelweis´,
mal bleibt er schwarz, so ganz natur,
mal mit ´ner Haube Sahne nur.

Mal muss er stark sein, zum Erwecken,
um Lebensgeister aufzuschrecken
und manchmal sei er besser schwach,
damit er nicht so munter mach.

Mal braucht man ihn gleich literweise,
mal nur ein Tässchen, beispielsweise,
mal soll er heiß sein, oder lau...

    Egal, mein Kaffee macht mir meine Frau.

Wenn draußen ist das Wetter schlecht,
da ist ein Kännchen Tee grad recht.

Tee, oder Zeit für eine Tasse Gelassenheit

Auf der Verpackung ich schon seh´:
Es ist nicht einfach nur ein Tee,
denn nein,
- und das finde ich Klasse -
man brüht sich damit eine Tasse
mit „Zeit für mehr Gelassenheit."

Ja, sowas mache ich mir heut´!
Da zögere ich lang doch nicht,
wenn mir die Werbung das verspricht,
Ich kann Gelassenheit gebrauchen
wenn mich der Alltag will heut´ schlauchen.

Die Zubereitung, wie das geht,
gleich unter dieser Werbung steht.

„Als erstes sprudelnd Wasser kochen."

Wie viel wurde nicht angesprochen -
ein Liter müsste da wohl reichen
und füll den Topf am Herd desgleichen.

„Das Kännchen besser vorzuwärmen."

Ich fang vom Trank schon an zu schwärmen.
Aufs Stövchen kommt die kalte Kanne
bevor zu füllen ich anfange.
Doch fehlt die Kerze, die es macht,
dass warm das Kännchen wird dann sacht.

Zum Keller muss ich runter laufen
und suchen – oder gar noch kaufen?
Ach nein, da liegt ´ne Tüte voll
die für den Tee mir reichen soll.
Und ich entzünde nun den Docht.

Das Wasser sprudelnd längst schon kocht.

„Ein Teestrumpf mit 5 Löffel füllen."

Den Teestrumpf muss ich erst entknüllen
und merke rechtzeitig grad noch,
in ihm ist leider schon ein Loch.
Das Teeei ist mir doch zu klein,
da gehen nur 3 Löffel rein.
Zum Glück ich endlich noch entdecke
ein Teesieb hinten in der Ecke.

Das Wasser ist fast angebrannt,
als ich das Kännchen füll´ zum Rand.

       „So 3 Minuten ziehen lassen.“

Ich such´ derweil nach einer Tassen,
die leider war etwas fragil,
als aus dem Küchenschrank sie fiel.

Als dann die Küchenuhr laut piept
damit der Tee wird abgesiebt,
da dankt der Tee mir meine Mühe,
dass ich am Teesieb mich verbrühe.

Ich lass vor Schmerz es einfach fallen,
Tee sich vermischt mit Scherben allen
am Boden, und mich will´s verdrießen
in Ruhe nun den Tee genießen.

Muss erst den Dreck da noch aufwischen,
´ne neue Tasse mir auftischen,
den Zucker, den ich hab verstreut,
wie Sahne holen mir erneut.

Was mir die Werbung da verspricht,
das stimmt am Ende einfach nicht:
Statt dass der Tee bringt mir ´nen Nutzen
musste die Küche ich erst putzen:
Ich hab davon nur Sauerei
voll Scherben und mit Kleckerei.

       Vergangen ist mir meine Freud´ -
       von wegen mehr „Gelassenheit“.

Teekännchen

Wenn abends fängt ´s früh an zu dunkeln
und kühler Hauch zieht durch die Welt,
dann lässt man gern das Feuer funkeln,
um das man sich daheim gesellt.

Es prasseln Scheite im Kamin,
es lodert warm der Flammen Schein.
Der goldne Herbst ist längst dahin,
drum bleibt man lieber nun daheim.

Am Stövchen summt die Kanne Tee,
auch Plätzchen duften warm vom Tisch.
Die Kälte draußen tut schon weh,
und eisig Wind von Nord weht frisch.

Kaum rinnt der Tee dann aus dem Kännchen,
verbreitet sich sein Duft im Raum,
und vor dem Fenster wiegen Tännchen
sich schon im ersten Weihnachtstraum.

Der Kandis knistert in der Tasse,
und Löffel klingeln einen Ton.
Der Wind pfeift draußen durch die Gasse
als spotte er der Wärme Hohn.

Hier drinnen sitzt man gern zusammen
und sich am heißen Trank erfreut.
Kaum hat der Winter angefangen
schätzt wieder man Gemütlichkeit.

Gemeinsam sein bei seinen Lieben
bei Tee und Feuer im Kamin.
Die Kälte ist draußen geblieben.
So zieht der Winter still dahin.

Schicksalswende

Die Damen, Fräuleins treffen ein,
zum Schwätzchen und zum Plaudern.
Einmal die Woche muss es sein,
denn Neugier kennt kein Zaudern.

Zum Kaffeekränzchen auf dem Tisch
steht die kristall´ne Schale
mit Schokoladenkeksen, frisch
vom Ofen, zum Labsale.

So nach und nach zerknuspert sie
die fröhlich plappernd Runde,
mit jedem Griff zum Leckerli
verschwind´t ein Keks im Munde.

Bei Neuigkeiten, die man schätzt,
vergeht so manche Stunde.
Ein allerletzter Keks zuletzt
liegt noch am Schalengrunde.

Der ist, genau wie alle andern
verlockend lecker, knusprig fein.
Doch plötzlich keine Hände wandern
zum Greifen in die Schale rein.

Der Keks, den hat das Los gewählt,
fängt traurig gleich das Bröseln an
und fragt sich dabei ganz gequält:
„Was habe Falsches ich getan?

Auch ich bin frisch mit Zucker, Zimt,
Butter und Schokolade.
Warum denn mich nun keiner nimmt?
Warum gilt mir Ungnade?"

Ein Kind lugt schüchtern um die Tür,
bis es den Keks erblickt.
Weil es für dessen Leid Gespür,
holt es ihn sich geschickt.

Dem Keks sein Ego geht auf Stelzen:
„Dafür war ich allein bestimmt",
– und die Schok´lad´ beginnt zu schmelzen –
„dass mich ein Kind zur Freude nimmt!"

Scherzkeks

Ein Scherzkeks, der lag in der Dose.
Da griff nach ihm der Leckerschmecker,
War der bisher noch ahnungslose,
so wurd´ er jetzt zum Spaßentdecker.

Weicher Keks

Schön, wer sich einen Keks ergreift,
der frischgebacken sich erweist,
so knusprig aus dem Ofen frisch
noch warm kommt da auf seinen Tisch.

Denn wenn geschieht das nicht sogleich,
so wird der schöne Keks bald weich.

Jedoch es gibt auch dafür Trost:
Für Alte ist das gute Kost.

Nüsse

Oft gilt die Erkenntnis:
Sind gut fürs Gehirn
sie stärkten ´s Gedächtnis,
erhellen die Birn´.

Ich lieber verzichte
auf diesen Genuss
weil bei der Geschichte
ich spür´ die Kopfnuss.

Arme Ritter

Aus alten Brötchen, Mehl und Ei,
zaubert ein´ Nachtisch man herbei:
Den Teig in Butter braun gebackt,
damit ´s beim Naschen knusprig knackt,
in warmer Milch, gesüßt mit Honnig,
schmeckt diese Speise einfach wonnig.
So richtig was für Schleckerschmecker,
schnell zubereitet und doch lecker.

Bei Mediävisten* ist´s verpönt,
weil jeder schon beim Namen stöhnt.
Was sie verpassen, das ist bitter –
man nennt den Nachtisch: „Arme Ritter".

Wissenschaftler der Geschichte und des europäischen Mittelalters

Obst ist gesund

Man sagt so oft: „Obst sei gesund!"
Vor allem Äpfel mit Pektin
bestärken uns in dem Befund
mit Ballaststoff und Vitamin.

Ob Boskoop, Gloster, Cox Orange,
Elstar, Berlepsch und Gravensteiner,
genannt sei im Zusammenhange
auch Klarapfel und Rotpass´aimer.

Auch Idared und Granny Smith,
der Jonasgold, Delicius,
was in der Schale liegt am Tisch,
ist sehr gesund und ein Genuss.

Nur eine Apfelsorte stets vermeide:
Den Zankapfel.
                    Bringt nur Verdruss!

Uns meistens auch das Wohl verleidet,
wenn reinbeißen man manchmal muss.

Hopsala

Unanständig

Als „unanständig" sich bemisst,
was dort in euren Köpfen ist,
denn oft genug ihr euch doch irrt,
weil eure Sinne sind verwirrt.

Wenn ihr das Wort vom „Busen" hört,
wird mancher da sogleich verstört
und sieht vor seinen Augen gleich
zwei runde, nackte Dinger gleich.
Doch nichts soll euch dadurch erregen,
ich wollt´ vom Busen der Natur nur reden.
Auch wenn das Wort vom „Schoß" ich nenne,
mich nur zum Erden Schoß bekenne.

Und red´ ich gar von einem „Schlitz",
mein ich ´ne Kerbe nur als Witz,
genau wie bei dem Worte „Nackt"
mich meist der Schabernack nur packt.
Selbst wenn ein Röckchen fliegt hoch bloß,
entblößt es meisten nur den Schoß,
wo man im nächsten Satz entdeckt,
das er ist sorgsam auch bedeckt.

Ihr merkt, dass bei der Prüderie
ich haarscharf das benenne nie,
was ihr dort seht in den Gedanken,
und brächte die Moral ins Wanken.

Drum hebet nicht erbost den Finger,
ihr macht es dadurch meist nur schlimmer,
verratet euch, woran ihr denkt,
was ich mit Worten nie gedenkt.

Genießt, wohin ich will verführen,
der Fantasie ich öffne Türen,
denn diese immer ungestraft
die schönsten Bilder in euch schafft.

Im Bett

Was glaubt ihr, ob an manchen Tagen,
wir nachts im Bett noch etwas wagen?
Nein, denkt ihr, mit alternden Zeiten
kann keiner Freude mehr bereiten.

Ein Irrtum! Auch in hohem Alter
bleibt man im Bett oft der Gestalter,
der zu der lieben Frau Entzücken,
sie mit manch Freuden kann beglücken.

Nicht wie man´s früher war gewohnt,
weil heute man sich besser schont,
und es schon gar nicht treibt so weit,
dass droht am Ende Herzwehleid.

Doch freut sie sich, dass er zum Schluss
gibt abends ihr den Gutnachtkuss
und dass er, wenn noch nicht zu spät,
den Arm um ihre Schultern legt.

Die Nähe und das Schnarchen leise
vermittelt ihr in lieber Weise,
dass er, im Schlummer nun umfangen,
im Geist nur stillt ihr das Verlangen.

Als spürt sie Küsse auf der Haut,
zu den er früher sich getraut,
denkt sie an heiße Liebesnächte,
an seine männlich stärken Mächte,
auch wenn die lange schon entschwunden.
Damit hat sie sich abgefunden.

Doch träumt sie jede Nacht aufs neu,
dass er nur ihr allein bleibt treu.

Nehmt´s einfach hin – und nicht als Hohn.

Wer nimmt uns sonst im Alter schon?!

Kopfkino

Was einem so im Kopf rumgeht,
so meistens nicht geschrieben steht
und ist gemeint so niemals nie,
was Euch vorgaukelt Fantasie.

Drum, wenn ich Euch wohin entführe
Ermahnung euch oft selbst gebühre.

Neugier

Man eigentlich kein Wort verschwende,
doch es war grade Wochenende:

> Ein Pärchen kam in eine Stadt,
> die sehr verschwieg´ne Hotels hat.
> Da brauchten sie nicht lang zu suchen,
> um dort ein Zimmer sich zu buchen.
> und gaben an, als wär es wahr,
> beide seien ein Ehepaar.

> Sie zahlten bar und im Voraus,
> wie Brauch es ist in solchem Haus
> und dann verschwanden sie im Zimmer,
> wie man erwartet es auch immer.

Ihr wüsstet gern, was sie getrieben,
als sonntags sie im Bett geblieben?

Ja, was so früh im Bett man macht,
natürlich eine Kissenschlacht.

Nackig

Ich schlaf im Bett so ungern nackt,
denn wenn mich die Begierde packt
und ich sofort der Lust will frönen
muss ich nicht gleich vor Kälte stöhnen,

die aus dem Kühlschrank strömt heraus
mach ich mir meinen Nachtmahlschmaus.

Nackt

Oft sind genierlich wir, wenn nackt,
weil uns die Scham beim Kopfe packt.

Dass sich so lang im Paradies,
Adam und Eva sehen ließ
ist seit dem Apfelklau vorbei –
wir schämen uns als Nackedei.

Dabei wir müssen doch gestehen,
wir gern nach Nackedeis wohl sehen,
wenn auch verstohlen und geheim
des meistens nur bei uns daheim,
was wir uns zu Gemüte führen,
aus Seiten von Hochglanzbroschüren.

Man träumt dabei von alten Zeiten,
wo man noch Freude konnt´ bereiten.
Heut nutzt man das von dem Verleger
eher als Appetitanreger
und stell beim FKK dann fest,
es altert auch der andre Rest.

Drum wird am Schluss man sich begnügen
doch mit dem ehelich ´Vergnügen.

Durchs Schlüsselloch

Weil der mit den kurzen Hosen
wissen wollte was die Großen,
mit viel Mühe und voll Sorgen
vor dem Nachwuchs stets verborgen,
sich verstohlen heimlich traut
und durchs Schlüsselloch nachschaut.

Als er späht hindurch andächtig,
sieht er, was bewegt ihn mächtig:
Weil sie aus den Pöltern* schlüpfen
und gar auf dem Bett rumhüpfen.
Was die Eltern ihm darboten
war ihm selbst stets streng verboten.

Irgendwann ist´s doch soweit,
dass vorbei die Kleinkindzeit
und man - durchaus mit Verdruss -
Farbe nun bekennen muss.

Denn die Frage birgt Gefahren
wo die Babys bisher waren
und vor allem - habet Acht -
wer zur Mama sie gebracht...

Früher flog für Franz und Mienchen
mit Gesumm das kleine Bienchen,
hat gewackelt mit dem Po
und bestäubt ein Blümlein froh.

So bestäubte auch Papa
damals seine Frau Mama -
voller Liebe, treu und heiter
Und so weiter... und so weiter...

Heute glaubt das nie ein Kind,
weil sie aufgeklärter sind,
auch nicht dran - vor allen Dingen -
dass die Störche Kinder bringen:

„Klapperstörche gibt es nicht",
hörten sie im Unterricht.

Fernseh´n und das Internet
machen Wissensmängel wett,
dass durch Fragen zum Detail
wird verstört das Elternteil.

Nur verwundert schaut das Kind,
wenn Störche doch auf Wiesen sind.

Pölter = Pyjama

Was nun?

Als Kleinkind vieles fremd mir war,
doch Vater meint: „Das ist nicht schlimm.
Ich mache dir das alles klar,
weil ich doch schon viel schlauer bin.
Frag nur sofort und bleib nicht stumm,
denn wer nichts fragt, bleibt immer dumm!"

Die brennend´st Frage war nicht schwer,
denn an den Klapperstorch ich nicht geglaubt.
„Wo komm´ die kleinen Kinder her?"
Rot wird der Vater und er schnaubt:
      „Dafür zu klein bist etwas du!" – Was nu?

Was später dann, längst in der Penne,
da war ´ne Blonde, hübsch, kokett,
die gerne ich für mich gewänne,
denn die fand ich auch wirklich nett.
      Doch ich war nicht mit ihr per du. – Was nu?

Der Vater meint: „Du musst es wagen,
sei frech, dass sie dich auch bemerkt,
und ihr paar nette Worte sagen,
was ihr das Selbstbewusstsein stärkt."
      Ich sag: „Hast Euter wie ´ne Kuh!" – Was nu?

´ne Backpfeife hab ich gekriegt,
da war ich wohl was vorgeprescht,
doch hat sie sich in mich verliebt,
weil ´s Kompliment war wahr und echt.
      Nun küsst sie mich doch immerzu. – Was nu?

„Nimmst du als Lulatsch dir so ´n Kücken,
dann geb´ ich dir ´nen guten Rat –
weil die muss hoch ja zu dir blicken –
wie ´s selber ich bei Mutter tat",
      gibt Vater seinen Senf dazu. – „Hör zu:

Willst du den Kopf am Busen schmiegen,
dann musst du dich beim Schmusen biegen.
Soll gar ein Kuss den Busen schmücken,
so musst du dich beim Schmusen bücken.
Und willst du danach auch was mehr,
dann fällt dir das im Stehen schwer."
     Doch sie kam auf hochhackig´ Schuh. – Wie nu?

Ich hab den guten Rat genommen,
und schmuste, was das Zeug gab her,
bin aus den Federn kaum gekommen.
obwohl ich schafft´ schon in der Lehr´,
     Zur Arbeit ging ´s nur ab und zu. – Ja nu!

Kaum war ich nach der Lehr´ Geselle,
da hat das Schicksal mich ereilt:
Dass Vater werd´ ich auf die Schnelle,
hat sie mir abends mitgeteilt.
     Ich musst es glauben ohne Schmuh. – Nanu?

Weiß nun die Antwort - bei mein´ Ehr –
Wo kommen kleinen Kinder her.

Durch die Blume

Ein junger Mann will Blumen schenken.

Die Blumenfrau gibt zu bedenken,
was man durch Blumen sagen kann
und rät deshalb dem jungen Mann:

„Willst mit dem Schätzchen du was kosen,
dann schenk ihr einen Strauß von Rosen."

Der junge Mann, der wendet ein:
„Ein bisschen mehr soll es schon sein."
Die Blumenfrau hat in der Tat
sogleich ´nen weit´ren Spruch parat:

„Willst du dein Schätzchen lieber küssen,
dann wähle besser paar Narzissen."

Der junge Mann nachdenklich schweigt,
zur Blumenauswahl er sich neigt,
um dann damit herauszurücken:

„Ich hätte gerne dort diese Wicken..."

Pferdchen

Ein Pferdchen auf der grünen Weide,
bereitete mir immer Freude.
Ich wollte immer eines haben,
zum Galoppieren oder Traben.

Jedoch konnt´ leisten ich mir ´s nie,
so ´n herrlich schöne Hoppevieh.

Als später mir ´n Bekannter sagt,
dass für ihn manches Pferdchen trabt,
da war sofort mein Wunsch präsent,
dass ich eins reiten dürft´ behänd´.

So einfach mit ihm querfeldein,
ganz munter über Stock und Stein,
im wilden Ritt auf grüner Heide
vereint im Rhythmus nur wir beide.

„Das mit dem Rhythmus dürfte geh ‘n“
mein Freund meint, „aber du wirst seh´n,
es wird dir Freude mehr bereiten
wenn ´s Pferdchen wird auf dir rumreiten.“

Ich habe nicht gleich recht begriffen
und nachzufragen mir verkniffen.

War erst vom Reiten abgeneigt,
als er mir seine „Pferdchen“ zeigt.
Und was verlangt er unverbrämt,
war auch im Preis recht unverschämt.

Wie war naiv ich und wie doof.
Nun such ich einen Reiterhof.

Bienchen

Ein Bienchen emsig summt herum,
fliegt fast um jedes Blümchen rum,
um Nektar aus den Blüten saugen,
die für den besten Honig taugen.

Die Hausfrau immer freudig sieht,
wie dieses Bienchen sich bemüht,
und pflanzt ins Beet Blumen und Stauden,
die für das Honigsammeln taugen.

Doch kann sie Bienchen gar nicht leiden,
die oft sich sparsam nur bekleiden,
viel Po mit kurzen Röckchen zeigen
woran sich Männerblicke weiden,
vor allem auch an dem Bustier,
das zeigt zu viel vom Dekolleté.

Denn Wespentaille, lange Beine,
bereiten Freude ihr gar keine,
wenn das umschwärmt die Männerwelt,
wo es statt Honig saugt nach Geld.

Wenn da ihr Mann zum Imker wird,
zeigt sich die Frau als Schweinehirt
und treibt den Mann in seinen Koben,
dass er zuhaus´ kann sich austoben.

Mottenkiste (mit „Löchern" an bestimmten Stellen)

Wenn man in alten Kisten wühlt,
so manch Erlebtes man nachfühlt,
wenn Dinge, die man dort so findet,
von Jugendzeit erinnernd kündet.

Als erstes holt man daraus halt
ein Stapel Wäsche, bunt und alt.
Von der Verlobten ihre Sachen,
die früher oft viel Freuden machten.

Doch längst sind über die Klamotten.
sich hergemacht die bösen Motten
und fraßen raus so manches Loch.
Doch sich erinnern kann man doch:

> Dort an der Bluse Knöpfe fehlten.
> wo Blicke sich zum ... (ein Mottenloch!) stehlten,
> und die Begierde einen packt,
> weil alles dort war rund und ... (noch eins!)

> Auch passt dazu der Minirock,
> der machte mir stets heißen ... (schon wieder eins!),
> wenn Blicke auf der Stell´ verweilten,
> wo ... (auch hier!) das Höschen teilten.

> Auch eine Decke, die karierte,
> erzählt, wo alles einst passierte,
> im Wald, auf weichem, grünen Moos,
> da wurde sie die ... (die bösen Motten!) los.

Wie ärgerlich die Mottenplagen,
die mir die Stoffe so zernagen,
dass an den liebgeword´nen Stücken
sie hinterlassen große Lücken.

> Selbst da das rote Chiffontuch,
> das man bei ihrem Nachtbesuch
> zum Dämpfen von der Lampe Licht
> beim ... (Löcher!) spiel, ist nicht mehr dicht.

Das Negligé, so zum Verführen,
durch das konnt´ man die ... (auch hier!) spüren,
schon durch der Motten ihren Mist,
wie auch ihr Slip, durchlöchert ist.

Ein T-Shirt noch von meiner Lieben,
als in den Dünen wir ´s ge... (noch ein Loch!)
und sie die ... (ein weiteres!) hat vergessen,
dass Eltern wurden wir stattdessen.

So manches man darin noch findet,
was uns im Alltag längst entschwindet´,
von dem, als waren wir noch jung.
Doch bleibt uns die Erinnerung.

Na, na...

War einst ein Hausierer aus Laufen,
der wollt´ an der Haustür verkaufen.
Sie bat ihn herein,
er sagte nicht nein.
Nun kann er sein Kindchen bald taufen.

Ein Mädchen aus Oer-Erkenschwick,
mit exhibitionistischen Tick,
die zeigte gern Busen
bei offener Blusen.
Was hat der Psychiater für Glück.

Ein Mägdelein lebte in Jena,
die war manchem Manne oft jäh nah.
Doch schnell wie der Wind
bekam sie ein Kind.
Als Vater vermutet sie den..., den..., den... da.

´ne Gattin, die kam wohl aus Hagen,
die wollte was Neues mal wagen.
Sie fühlte sich jung
bei dem Seitensprung.
Nun muss sie auf Unterhalt klagen.

Von der Sekretärin aus Düren,
ihr Chef hatte arge Allüren.
Er Stotterer hat
bei jedem Diktat.
Da tat sie ihn lieber verführen.

´ne Hübsche verliebt sich in Essen
und war in ihn richtig versessen.
Damit er sie seh´
trägt sie ´s Negligé.
Doch er hat die Brille vergessen.

´ne Schüchterne, die war aus Bremen,
wollt´ einen Geliebten sich nehmen.
Als beide dann nackt
und er sie dann packt,
meint sie doch: „Du sollst dich was schämen."

Ein Rentner kam aus Ibbenbüren,
der wollt´ gerne ein Mädchen verführen.
Er strengte sich an,
wie ein junger Mann,
doch sie meint, sie könne nichts spüren.

Es war einst ein Männchen aus Essen,
der war doch wohl etwas vermessen.
Mit zwölf schönen Frauen
wollt er sich was trauen.
Ihn kann man für immer vergessen.

Sie badet am Strand von Rimini
in einem sehr knappen Bikini.
Doch nach einer Welle
war weg der sehr schnelle.
Seither trägt beim Schwimmen sie ihn nie.

Verschlägt es dich einmal nach Zwickau,
wo abends lässt man heraus die Sau.
Du vorsichtig bist,
wen du dort auch triffst,
sonst hast du am Hals deine Hausfrau.

Das Wolkenschiff

Es war ein schöner Sommertag,
sonnig und warm, wie man es mag.
Da liege ich auf grüner Wiesen,
schläfrig, die Ruhe zu genießen.

Ich schau zum blauen Himmel auf
wo Wolkenschiffe fahr'n zuhauf,
erkenn' in manchem Wolkenballen
dort Formen, die mir sehr gefallen.

Da fällt mir Schatten auf 's Gesicht,
ich blinzle auf und glaub es nicht:
Beugt eine junge Frau sich nieder
über die hingestreckten Glieder.

Zwei braune Augen schau 'n mich an.
Ihr Körper mich verlocken kann,
anmutig, zart und schlank - ein Bild,
vom dünnen Kleid fast nicht verhüllt.

Als unters Tuch ein Windstoß fuhr
bewunderte ich die Natur
durch ihre offenstehend Blusen,
mit einem Blick auf ihren Busen.

Ihr lächelnd' Antlitz kommt mir nah.
Ich fasse nicht, was dann geschah:
Sie beugt sich tiefer zu mir nieder,
verlockend nah ihr pralles Mieder,
spitzt dann den süßen roten Mund,
um mich zu küssen zärtlich und ...

Und ...? Hat dieses Bild Euch angeregt?
            Eure Gefühle tief bewegt?
            Die Brust beim Atmen eingeengt?...

Ein Schlimmer, der was Böses denkt!

Was da geschah auf grüner Au
war nicht der Kuss der schönen Frau.

Mich hat ein Wunschbild dort geneckt
und eine Kuh mich abgeschleckt.

So wird durch Macht der Phantasie
zur jungen Frau sogar das Vieh.

Sommersprossen

Der Sommer ist verflossen.
Doch seh´ ich dein Gesicht,
da sprießen Sommersprossen,
auf Wangen dicht bei dicht.

Umrahmt mit rotem Schimmer
von frech gelocktem Haar.
Ich freu´ dabei mich immer
zu seh´n sie jedes Jahr.

Sie grüßen von der Sonne,
von Wärme, Himmelsblau.
Ich seh´ sie voller Wonne
wenn ich dich so anschau´.

Dein Stupsnäschen, darunter
ein süßer roter Mund
weckt in mir kunterbunter
Gefühl´ aus gutem Grund.

Denn wenn die Augen blitzen
ganz freundlich zu mir her,
möchte´ ich ein Kuss besitzen
ein jedes Mal noch mehr.

Drum will ich sie nun zählen,
neig´ nah mich zu dir hin,
um dann den Mund zu wählen
dass glücklich ich nur bin.

Ich bin ja so verschossen,
mein liebes, hübsches Kind
in deine Sommersprossen,
die Grund zum Küssen sind.

Musikzauber

Verschmuste Klänge in der Nacht
mich Wünsche zärtlich fühlen lassen,
als ich an früher hab gedacht,
um diese Zeilen zu verfassen:

Du Mädchen meiner Träume,
wenn ich in deinen Armen liege,
durch schöne Seifenblasenschäume
ich mit den Fantasien fliege.

Ich rieche deinen Duft der Haut,
spür ihre Weichheit mit der Wärme
und eine Sehnsucht sich anstaut,
zu streicheln überall dich gerne,
dich zu liebkosen und zu küssen
an allen Stellen, den geheimen.

Will nicht an Morgen denken müssen
und Schönes mir zusammenreimen.

Mich jung jetzt fühlen, und dann auch
die Zärtlichkeit von dir empfangen,
mit schönem Kribbeln noch im Bauch
gemeinsam hin zum Glück gelangen.

Dann ist die Musik leider aus,
das letzte Glas wird auch schon leer.
Still schläft schon längst das ganze Haus
doch aufzuhören fällt mir schwer.

Gleich, wenn wir beieinander liegen,
will wohlig ich mich an dich schmiegen
und dich wie in den Träumen lieben...

Doch steig ich aufwärts auf den Stiegen
die Winterszeit scheint zu obsiegen:

Denn eiskalt ist´s in dem Schlafzimmer
und schnell verfliegt die Liebeshitze.
Ich ziehe, wie des Nächtens immer,
die Decke hoch zur Nasenspitze.

Drum mach doch mal, mein Schätzchen du,
im Winter doch das Fenster zu!

Liebesgedicht

Bei Musik sanft von der CD
ich Bilder plötzlich vor mir seh´
aus längst vergangen alten Tagen,
als ich dich wollt auf Händen tragen.

Mein Schatz, ich spür´ in meinem Arm
dein Herzpochen am Busen warm
und Zärtlichkeit mich übermannt,
ergreift mich plötzlich altbekannt,
wie ich mit Herzen und mit Küssen
will deinen Leib bedecken müssen.

Die Wollust überfällt mich jäh,
weil ich dich nackt nun vor mir seh´.
Die Finger warme Haut ertasten,
nach den geheimen Stellen fassten,
denn Wölbung, Kurven mich verführen
dich überall dort zu berühren,
um Lust und Freude zu bereiten,
wie früher schon zu alten Zeiten.

Ich spüre deinen Busen weich,
möcht´ streicheln überall dich gleich,
um die Begierde heiß zu spüren
zum Höhepunkt dich dann verführen,
wie sonst gibt ´s Glücksgefühl wohl keins,
wenn beide werden wir zu eins.

Erregend will ich danach streben,
dir Lust und Gänsehaut zu geben,
dich betten auf ein Meer von Rosen,
den ganzen Leib dir zu liebkosen,
von deinen Lippen Nektar trinken
und endlich dann in dir versinken,

um einfach mich dir hinzugeben,
als gäb´s dich einzig nur im Leben.

Mein Träumen wird jäh unterbrochen
durch lautes an der Türe Pochen
der Stimmung macht das Wort Garaus:
„Komm nun ins Bett! Du musst früh raus!"

Doch... ist der Hinweis doch ganz nett
und ich komm gern zu dir ins Bett.

Plumeau

Es lebte einst ein Floh
still in einem Plumeau,
so zwischen weichen Daunen.

Dort konnte oft er staunen,
was dort manchmal geschehen
und er bekam zu sehen,
dass er, bei so viel nackter Haut,
sich zu´nem Biss hat nicht getraut.

Wiedersehen

Nach ewig langen Zeiten
trifft man sich im Café:
„Ach, es ist einfach herrlich,
dass ich dich wiederseh´."

Dem Handschlag folgt Umarmung
und schließlich gar ein Kuss,
dass an die Jugendliebe
man sich erinnern muss.

„Du hast dich nicht verändert!"
Ist Lob das oder Spott,
dass man die letzten Zeiten
verbracht im Lebenstrott?

Denn an der äußern Hülle,
da nagt der Zahn der Zeit:
Das Haar, das wurde schütter,
die Körpermitte breit.

Auch gruben viele Fältchen
sich ein in das Gesicht.
Dass ich mich kaum verändert,
das stimmt doch einfach nicht.

Doch blieb ich stets zufrieden
und Schalk hielt stets mich froh.
„Du hast dich nicht verändert",
das stimmt doch irgendwo.

Sie aber lamentierte,
wie´s Schicksal sie gequält,
und dass sie damals besser
hätt´ mich zum Mann gewählt.

Das Leben, das sie träumte,
ihr Mann ihr niemals bot.
So sie sich von ihm trennte,
doch lebt sie nun in Not.

Kein Mann wüsst´ sie zu schätzen,
hat sie sich noch beklagt.
Ich schmunzelnd denk an früher
und ihre Männerjagd.

Drum gebe ich zum Besten
der alten Freundin drüben:
„Auch du bist all die Zeiten
dieselbe auch geblieben!"

Jugendliebe

Schön ist es doch mit unserm Geist,
der hilfreich sich dadurch erweist,
dass meistens er will Gutes stärken,
indem wir uns auch das nur merken.

So ist es auch nach langer Zeit,
wenn ist schon Jugend fern und weit,
dass dann in der Erinnerung
aus Zeiten, als man frisch und jung,
nur schöne Bilder noch aufsteigen,
als hing der Himmel nur voll Geigen.

Denkt an die Liebe man zurück
und wie erlebte man das Glück,
so scheint auch hier es rosarot
und alles war da stets im Lot.
Selbst wenn die Hoffnung trat nicht ein,
erscheint es heute leicht und klein.

Man denkt mit Wehmut manchmal dran,
wie schön es damals einst begann,
ans Küssen, Lieben und ans Herzen,
vergisst die schlechten Seelenschmerzen,
die es bestimmt hat auch gegeben –
das Auf und Ab im ganzen Leben.

Mit Bildern aus den alten Tagen,
die viel Gefühle ins sich tragen,

erinnert man sich gern der Zeit,
der inniglichen Zweisamkeit
und seufzt dazu, weil es vorbei,
die unbeschwerte Liebelei.

Doch wenn das Leben ging auch weiter,
so bleibt man einfach froh und heiter,
weil es auch ganz viel später geht,
dass man sich immer noch versteht.

Denn eins, das geb´ ich zu bedenken:
Freundschaft kann man sich immer schenken.

Warum denn nicht?

Ich hätt´ so gerne ab und an
den Arm um dich gelegt
und dir ins Ohr geflüstert dann
was mich hat da bewegt.

Ich glaub´ du hast es auch gespürt,
dass da ein „Kribbeln" sei,
das uns am liebsten hätt´ verführt
zur alten Liebelei.

Die blauen Augen, ich geblickt,
ein Lächeln ab und an,
das machte wieder mich verrückt,
wie durch ´nen Zauberbann.

Dein Mund verlockte zu ´nem Kuss,
doch fehlte mir der Mut,
doch ich mir eingestehen muss,
gefallen hätt ´s mir gut.

Streichelmädchen

Streichelmädchen –
Pfirsichhaut.

Blaue Augen –
Dunkle Seen.

Schlanker Körper –
Gut gebaut.

Blonde Locken –
Honigglanz.

Du bist schön –
Ich will dich ganz!

Unter den Linden, nach Walter von der Vogelweide um 1200

Unter den Linden,
da läg´ ich auch gern.
Tät´s Mägdlein ich finden,
wär´s mein Augenstern.

Was wir dort getrieben,
was wir da gewagt,
bleibt lieber verschwiegen,
nur „Tandaradei" sei gesagt,

Kein Vöglein wird wagen,
was es dort geseh´n
und nichts weiterzusagen.
Gescheh´n ist gescheh´n.

Vor Scham nicht verhüllen
braucht ihr das Gesicht.
Was sich mag erfüllen,
verraten wird´s nicht.

Was dem Pfälzer seine „Kerwe" ist dem Berliner sein „Rummel"

Rummelplatz

Komm mit mir auf den Rummelplatz,
wir machen eine Sause.
Dort tummeln wir uns zwei, mein Schatz
und bummeln dann nach Hause.

Doch vorher geht's zum Ringelpietz,
wir drehen uns im Kreise.
seh´n unter uns den ganzen Kiez,
auf unsrer luftig Reise.

Gebrannte Mandeln duften schön,
am Süßigkeitenstand.
Und bunte Lichter sind zu seh´n
an Buden voller Tand.

Im Riesenrad geht es hinauf,
der Rummel wird ganz klein.
Fahr´n in der Achterbahn darauf.
Ich hör´ vor Glück dich schrei´n.

Wir naschen hier, und trinken dort,
an Buden dichtgedrängt.
Und schlendern so von Ort zu Ort,
Lebkuchenherz behängt.

Die Geisterbahn dich fröhlich schreckt,
du drückst dich fest an mich.
Berliner Weiße uns dann schmeckt.
Mein Schatz, wie lieb´ ich dich.

Den Liebesapfel schenk ich dir,
mit rotem Zuckerguss.
Und Zuckerwatte schmeckt auch mir.
Komm, gib mir einen Kuss!

Dann schieß ich dir ´nen bunten Strauß
von Rosen nur aus Tüll,
weil schließlich geht es jetzt nach Haus´.

Mal seh´n, was kommen will.

„Ein Dummkopf, der Zoten reißt, gilt oft als ein Bursche
mit klugen Talenten und Ansprüchen."
Oliver Goldsmith, irischer Schriftsteller (1728-1774)

Hoppla

Die Raupe, die vom Fliegen weiß,
ist noch kein Schmetterling.
Und selbst bei allergrößtem Fleiß
wird man nicht gleich zum Dichterling.

Man weiß, wie man erzeugt ein Lachen,
doch leider irrt man oft am Weg,
denn eine Dichtung gut zu machen
ist manchmal schon ein schmaler Steg.

Anzüglichkeit und grober Scherz
nur scheinbar zeugt von Klugheit, Witz
zurück bleibt bitter hinterwärts
ein andres Bild im Geistbesitz.

Bleibt doch beim Anstand, nutzt die Art,
wie man andeutet ohne Zoten,
verführt, mit Fantasie gepaart,
wie es respektvoll ist geboten.

Auch ich will Euch oft gerne necken
und deute an, dass ihr was denkt,
will so schon Bilder in Euch wecken
bis es zum Schluss dann doch umschwenkt.

Auch anders kann von schönen Dingen,
ohne sie namentlich zu nennen,
ich Euch auf den Gedanken bringen,
weil wir sie alle doch gut kennen.

Nur dann ein jeder schmunzelt mit,
fühlt sich ertappte bei dem Gedanken,
wenn man macht scheinbar Appetit,
doch die Moral kommt nicht ins Wanken.

Dann kann man herzhaft auch mit lachen
und zwinkert mit dem Auge zu
über die gutversteckten Sachen.
Nun schmunzelt und ich geb auch Ruh.

Berlinerisch

Jefühle

Een Päärchen hockt im Mondenschein,
uff eener Parkbank janz allein
und lauer Sommernacht,
die ooch noch Stimmung macht.

„Ach ja...!" Er stöhnt jedankenvoll,
wodurch ihr's Herz fast überquoll
jerührt von dat Jefühl un' froh:
„Wat seufzte, Paule, denn nur so?"

„Ja, eijentlich tu allet ick einfahren,
am liebsten aba eehnen Klaren!"

Trennungsjrund

Der Atze kann 's noch jar nich fassen.
„Ick muss mir von de Frieda trennen lassen",
so meent sein Kumpel Friederich
als sie betrinken beede sich.

„Wat macht se denn, die liebe Frau?
Ick kenn ihr ja nich so jenau!"
fraacht Atze drauf den Friederich,
„Se is doch janz schön schnuckelich."

„Mir wird dat langsam watt zu dumm,
treibt sich vill' in Kneipen rum!"
meent Friederich beim nächsten Bier.

„Säuft se denn!" staunt Atze schier.

„Nee, nee! - Se sucht dort nur nach mir!"

Milljöh

Een Bettler, wat zerlumpt, spricht an
im Park so ´n feinen Pinkel:
„Ham se nich´ for´n armen Mann",
ihm tränt ´s im Oojenwinkel,
„der zwee Tag nischt jejessen hat
een Stückchen Kuchen, wat macht satt?"

Dem Pinkel wird beinahe schlecht.
„Wat denn, ick hör´ wohl nich recht,
een Stück vom Brot wird´s wohl ooch tun?
Da musste dir bescheiden nun!"

„Nee, heute nich", folcht uff die Fraag´,
„weil ick doch heut´ Jeburtstaach hab."

Flöhe

Emil jeht den Hund ausführen.
Da will er sich nich jenieren
sich uff eene Bank plazieren,
wo een Herr im Anzuuch sitzt.

Dieser arrogante Pinkel
blickt nur aus de Oojenwinkel
uff den Hund und sein Jepinkel
bis er denn de Lippen spitzt:

„Geh mit deinem Hund da weg,
diesem Köter voller Dreck.
Ich spüre schon, wie mir da doch
die Flöhe klettern an mir hoch!"

Der Emil springt jleich in de Höhe:
„Bello, wir jehn! - Der Herr hat Flöhe!"

Jewissensfrage

„Wenn ick würde dir verlassen"
fraacht de Paula ihren Bolle,
„würd´ste jleich zum Klaren fassen,
und dir zischen eene Molle?"

Bolle schweicht solang er denkt...

„Muss ick doch! - Statt Wehmut leiern,
wenn mir sowat wird jeschenkt,
muss ick det doch richtich feian!"

Rasur

„Weeßte Elli", meent der Frank
vor dem Badezimmaschrank
„wenn ick morjens mir rasiert
läuft det alles wie jeschmiert
und ick fühl mir jünger 20 Jahre nun."

Elli meent jleich:
                    „Kannste det nich abends tun!?"

Hochzeitstaach

Die Silbern´ Hochzeit steht heut´ an
für Plum sein´ Frau und ihren Mann.
Da fragt der Sohn, „Eij, Vatter sach,
wie heut´ dat Fest bejinnen mach?"

Sein Sohn is´ da doch von de Socken,
als Vatter antwortet drauf trocken:

„Ick tät ja jern ´ne Schweijeminute einlejen,
doch Muttern is´ wahrscheinlich mal wieda dajejen!"

Letzta Wunsch

Emma schluchzt zum Jotterbarmen,
Orje sterbend in den Armen:

„Ach, Orje, du mein lieber Mann,
dat ick dir recht bald foljen kann."

Mit letzter Kraft richtet sich Orje auf:
„Et eilt nich, Frau! Ick wart nich drauf!"

Inna Bierschwemme

Beim Klaren und ´n kühlen Molle.
bewundat Ede Orjens Olle:

„Du hast da so ne süße Kleene,
mit starmmen Po un lange Beene...
Würd´st du mir ooch ein Freund noch nennen
wenn ick mit deina Frau würd´ pennen?"

„Nee", meent der Orje...

„Erstjemeint,
wär ick für dich dann denn een Feind?"
will Ede trotzdem weita wissen.

„Nee", Orje schüttelt ´n Kopf beflissen,
beißt ab von seina Buttastulle
un nimmt ´nen Schluck aus seina Pulle.

Doch Ede fängt noch eenmal an,
„Eh, Orje, wat sind ma denn dann?"

„Ach Ede, dann sin´ ma damit
janz eenfach endlich wieda quit!"

Siehste

Frau Krawuschke, hübsch und fein,
kommt zur Kneipentür herein,
um den Mann nach Haus´ zu holen,
eh´ der Lohn vom Wirt gestohlen.

Doch Krawuschke will nicht geh 'n,
hat noch einen Schnaps da steh´n,
den er meinte noch zu trinken,
eh´ er würd´ nachhaus´ heimhinken.

Frau Krawuschke- kurz entschlossen -
hat ihn in sich rein gegossen.
Doch sie wird sogleich bestraft,
denn er schmeckt ihr ekelhaft.

Sie verzieht gleich das Gesicht,
röchelt - reden kann sie nicht -
ringt mit brennend Atemnot,
und ihr Teint wird puterrot.

„Siehste", meint Krawuschke gleich,
„ick muss trinken hier son Zeuch."

Eile

Es äppelt hin so´n Äppelkahn,
der auf der Spree kam herjefahr´n,
da prescht een Motorboot vorbei.

„Warum der nur so eilig sei",
meent Ede, „ick lach mir ´n Ast.
Weeß der den nich in seiner Hast,
dat an der nächsten Schleuse dann
er nur mit uns da durchfah´n kann?"

Am Spreekanal

Verbot´nerweise angelt mal.
een Bengel dort am Spreekanal,
Der Schupo findet sich gleich ein
und fracht nach seinem Angelschein.

„Ick hier doch nich am Angeln sei.
Ick bring dem Wurm nur ´s Schwimmen bei“,
sacht dieser Bengel frech und keck.

Un wirklich jeht der Schupo weg,
denn wat er weiß, dat in der Spree
man eenen Fisch dort doch nie seh´.

So ooch verjeblich mit der Schnur
der Bengel fischt im Trüben nur.

Doch uff eenmal die Pose zuckt!

Janz uffjereecht der Bengel ruckt
die Rute, dat an seenem Ende
sich doch een Fisch daran befände.

Jedoch een Fisch ist ´s leider nicht –
een Henkeltopp bringt er ans Licht.
janz jrünlich und mit eenem Loch.
wat ihn ermuntert trotzdem doch,
die Angel weita zu jebrauchen
und sie ins Wasser reinzutauchen

Und ooch wat später an dem Haken
fischt er heraus ´ne Pfann´ zum Braten,
verrostet. Ooch een Stiefel dann
er aus dem Wasser ziehen kann.

Der Schupo, der dreht seine Runden,
sieht, wat der Bengel hat jefunden,
als er vorbeikommt und er meent:
„Ob dat is dat, wat du ersehnt?
und... ob dat Fischen wirklich lohnt?

Vielleicht da unten jemand wohnt?“

225

Logik

Die Mutta janz entsetzt kiekt da,
„Ach, dein Valobta stotter ja"
als der jebracht wird ihr ins Haus.

Die Tochta meent, „Dat macht nüscht aus,
wenn wa vaheirat´ sind in Tagen
hatt der doch ooch nüscht mehr zu sagen."

Ejal

Ejal wo der Berlina is,
er hemmungslos es nie vajisst,
saacht stets direkt wo drückt der Schuh
und jibt noch seinen Senf dazu.

Dabei bringt er es uffen Punkt,
vermeidet weda Zoff noch Stunk
um frech alle die vorzuführen,
die lieba ewich rum jonglieren.

Det manchem Menschen ja nich schmeckt,
dat der Berlina so direkt
un saacht, wat da im Arjen liegt.
Drum isssa nich so sehr beliebt.

Man von „Berlina Schnautze" spricht
wenn so die Wahrheit kommt an ´s Licht.
Ick finde schnieke det und dufte
un stänker weiter jejen Schufte.

Nur wer de Wahrheit sich nich scheut,
bejiebt sich zu Berlina Leut´.

Mostrich

Ick hier mit meiner Plautze
und meener lauten Schnautze,
ick sag jrad raus, wat ick im Sinn
wohl weil ick een Balina bin.

Der Mostrich is bei uns beliebt,
den man zu die Buletten jiebt,
ooch an de Wurscht jehört er dran.
Man ihn als „Senf" ooch kennen kann.
Ja selbst wenn man de Wurscht vajisst,
man ihn uff Buttastullen isst.

Mostrich, den mag een jedamann,
zu Allem man ihn nehmen kann,
´drum wundart euch nur niemals nich,
wozu und wann ick nehm´ Mostrich:

Am Stammtisch, wie dat Treffen heißt,
erfährst´de wat, wat du nich weißt
und jeda staunt in diesem Kreis,
wat der da allet noch so weiß...
Ick nichts davon verstehen tu,
doch jeb ick meenen Senf dazu.

Wenn Frau mit Freundin wieda schwätzen,
und ooch noch üba Männer hetzen,
wenn die mal nich so jut jeraten
un Tipps un Tricks sich da verraten,
spreng ick Vertraulichkeit im Nu
weil ick jeb´ ooch meen´ Senf dazu.

Bei Mussick schätzt man Künstler wert,
wenn stille iss et im Konzert.
Een jeda lauscht den schönen Tönen
wenn die haamonisch uns vawöhnen.
Ooch ick hör´ dem jebannt ooch zu,...
doch jeb ick meinen Senf dazu.

Wenn bürokratisch klemmt ´s mal wo,
muss ick auf ´s Amt in een Büro
un hoff, dat der Beamte dann
mir mit Vaständnis helfen kann
un Einsicht zeigt jerad hierzu,...
bis ick jeb meinen Senf dazu.

Wenn ´s Auto muss zur Werkstatt rein,
weil wat am Motor könnt´ et sein,
der stottat, hustet un nur keucht,
vielleicht weil er ooch Öl mal bräucht´,
dann kümmat sich die Fachmannscrew,...
un ick jeb meinen Senf dazu.

Wenn hält mir die Polente uff,
weil ick wohl etwas schnelle druff,
dann zahl ick nich, jeb nich klein bei,
ooch wenn ´s mit Knöllchen wär vorbei.
Ick lamentier, jeb keene Ruh´
un imma noch mein Senf dazu.

Muss vor Jericht wejen der Schuld.
Da zeigt da Richter erst Jeduld,
fracht Zeugen un de Polizisten,
woher se von de Eile wüssten
um klarzustell´n, wo drückt der Schuh.
Trotzdem jeb ick mein´ Senf dazu.

Mir mancha Freund da manchmal rät,
wenn ick die Klappe halten tät
un wär nich imma so aktiv,
jing´ nich so oft so manches schief.

Ejal – ick musst stets Senf zujeben,
denn ohne mir jeht nüscht im Leben.

Nur bei Konnopkes werd´ ick knapp
und jeb von meinem Senf nüscht ab.

Watt nu?

Als Steppke Vielet fremd mir waar,
doch Vadder meent: „Dat is nich schlimm.
Ick mache dir dat alles klaar,
weil ick doch schoon viel schlauer bin.
Fraach nur sofort un bleib nich stumm,
denn wer nüscht fraacht, bleibt imma dumm!"

Die brennends Fraache war nich schwer,
denn an de Klapperstorch ick nich jeglaubt.
„Wo komm de kleenen Kinda her?"
Rot wird der Vadder und er schnaubt:
          „Dafür biste zu kleen noch du!"
          Watt nu?

Watt spääter dann, längst in de Penne,
da war ´ne Blonde, hübsch, kokett,
die jerne ick für mir jewänne,
denn die fand ick ooch wirklich nett.
          Doch ick war nich mit ihr per du.
          Watt nu?

Der Vadder meent: „Da musstet waagen,
sei frech, datt sie dir ooch bemerkt,
un ihr paar nette Worte sajen,
wat ihr dat Selbsbewusstsein stärkt."
          Ick saach: „Hast Euter wie ne Kuh!"
          Watt nu?

´ne Klatsche hab ick jleich jekriegt,
da war ick wohl wat vorjepprescht,
doch hat se sich in mir valiebt,
weil ´s Kompliment war wahr un echt.
          Nu küsst se mir und jibt keen Ruh.
          Watt nu?

„Nimmst du als Lulatsch dir son Kücken,
dann jeb ich dir ´nen juten Rat –
weil die muss hoch ja zu dir kicken –
wie ´s selba ick bei Muddan tat",

229

jibt Vadder seinen Senf dazu.
Wie nu?

„Willste den Kopp an 'm Busen schmiegen,
dann musste dir beim Schmusen biejen.
Soll jar een Kuss den Busen schmücken,
so musste dir beim Schmusen bücken.
Un willste danach ooch wat mehr,
dann fällt dir dat im Stehen schwer."
    Doch sie kam in hochhackich Schuh.
    Watt nu?

Ick hab den juten Rat jenommen,
und schmuste, wat dat Zeug jaab her,
bin aus de Federn kaum jekommen.
Doch da maloocht ick in de Lehr´,
    jing nur zur Arbeit ab un zu.
    Watt nu?

Kaum war ick nach der Lehr´ Jeselle,
da hat dat Schicksal mir ereilt
da wurd ick Vadder uff de Schnelle –
hat sie mir abends mitjeteilt.
    Ick musst et glooben ohne Schmuh.
    Nanu?

Weeß nu die Antwort bei mein´ Ehr,
wo komm´ de kleenen Kinda her.

Ältawerden

Hej du, jeliebte Kamerad,
da seh´ ick am Kalender j´rad,
dass dir dat Schicksal heut´ mit List
verändat – unn du älter bist.

Nu lass dir bloß nich janz verdrießen
dat Leben weita zu jenießen.
Denn dat, dat dauert noch ´ne Weile,
verplemper ´s nich mit Langeweile.

Drum stürz dir mit ´nem frohen Lachen
in allet, wat de noch willst machen,
jetrau´ dir ooch an allen Tagen
noch ab und an wat Neues wajen.

Jedoch – unn daruff kommt ´s nur an –
bleib nur jesund unn fröhlich dann,
sei lustich, dat mit hellen Sinnen
kannst Schönet allem abjewinnen.

Dat einzich, wat heut´ macht mir froh:
Es jeht auch andern Menschen so,
so dass de nich nur janz alleene,
nu dackelst rum uff ält´re Beene.

Nimm dat als kleenen lieben Trost.
Ick wünsch dir wat – und darauf „Prost"!

Der Wattwurm

Ein Wurm, der kam mal aus Berlin,
den zog´s zum Urlaub nordwärts hin.
Dort wohnte er im Sediment,
wie man das Watt der Nordsee nennt.

Er hauste dort gemütlich gut
solange es noch herrschte Flut.
Doch als kam Ebbe mit der Tide,
da fand er das doch sehr perfide.

„Watt denn, watt denn", fragt er sich,
„keen Wasser jibt es plötzlich nich.
Bin etwa ick schon anjestrandet
und so am Kuhdamm glatt jelandet?"

Wer diese Worte wurd´ gewahr,
dem war ab nun eindeutig klar:
Auch wenn den Gast hier keiner kennt,
ein jeder ihn nun „Wattwurm" nennt.

Dampfplaudereien

Vierzeiler
Die erste Zeile, die bleibt leer,
auch in der zweiten kommt nicht mehr,
so dass, wenn nichts in Zeile drei,
der Vierzeiler ist schon vorbei.

Zu lang
Ein kurzer Reim
fiel mir wohl ein,
wenn käm´ nicht behände
des Vierzeilers Ende,
drum muss ich es lassen,
den Vers zu verfassen.

Einfach
Es scheinbar mühelos erscheint,
wenn jemand einen Reim gereimt.
Man muss doch bloß Ideen finden,
um dann die Verse hinzuschinden.

Sieh an
Vier Zeilen mit Humor und Witz,
gereimt aus dem Gedankenblitz,
vermitteln oftmals mehr Einsicht,
als sie enthält manch´ ein Gedicht.

Stimmig
Wählt Worte, die schnell sind genannt,
in kurzer Form, doch sehr prägnant!
Denn niemand zu viel Worte nimmt,
wenn das Gesagte kurz auch stimmt.

Kürze
In der Kürze liegt die Würze,
so sagt die Redensart ganz allgemeine.
Doch meint sie wohl nur Wortschwall-Stürze,
sonst nichts. Auch Lügen haben kurze Beine.

Besser

In der Kürze liegt die Würze,
drum reimt ein jeder schnell geschwind,
doch besser als Gedankenfürze
wohlüberlegte Worte sind.

Vorsicht

Ganz plötzlich hat mit Geist und Witz,
man frech einen Gedankenblitz!
Doch hat ´s man nicht durchdacht so ganz
und fehlt vielleicht auch Toleranz,
dann sollte besser man abbrechen,
als ihn tatsächlich auszusprechen.

Dichter

Wer sich gern einen „Dichter" nennt
es manchmal erst am Schluss erkennt,
es reicht nicht nur ein kluger Kopf,
wenn ´s Wasser weiterhin noch tropft.

Üben

Zu Reimen gelingt nicht gleich allen –
vom Himmel ist bisher kein Meister gefallen.
Doch seid nicht betrübt,
nur fleißig Ihr übt,
bis dass es gefällt schließlich allen.

Muse

Wen küsst die Muse auf den Mund,
der gibt Poetisches hier kund.
Wen sie nur küsste auf die Wangen,
der braucht erst gar nicht anzufangen.

Auweia

Was wär´, wenn dies kein Scherzgedicht,
sondern man schlicht die Wahrheit spricht.

Schüttelreim

Wenn machst du einen Schüttelreim,
muss der wohl gut gerüttelt sein.

Ein Schüttelreim,
der schüttelt fein,
so dass sich dann wichtig am Ende
der Reim sich schließlich richtig wende.

Ein kurzer Vers voll Klarheit war,
der sogar sagt noch Wahrheit klar,
dass wirklich dieser Schüttelreim,
die Reime hinzu rütteln schein´.

Guter Rat

Er ist bestimmt nicht leicht zu nehmen,
der Hinweis „es doch leicht zunehmen".
Den guten Rat kann nicht ertragen,
wen grummelt´s kräftig schon im Magen.

Gewichtig

Man sollte manche Mahlzeit lassen
bevor die Hosen nicht mehr passen.
Spannt gar die Weste über 'n Bauch
schränkt man sich ein beim Trinken auch.

Danke sagen

Wer unverhofft einmal erfährt,
dass Anerkennung ihm gewährt,
der ist ganz einfach richtig froh,
grad wie der Mops im Paletot.

Dafür, nicht nur in den Gedanken,
sollt´ er dem Gönner herzlich danken.

Problem

Es ist durchaus sehr angenehm,
wenn verschwindet ein Problem,
weil der Zufall es so lenkt,
dass man daran nicht mehr denkt.

Doch leider ist es resistent
und etwas später existent,
dass plötzlich, wenn es gar nicht frommt,
es einfach doch noch wiederkommt.

Hände

Wenn du zwei Hände hast – zwei linke –
beim Helfen besser schnell abwinke,
lehn dich zurück, um zuzusehen,
wie Arbeit kann vorübergehen.

Ob wir wohl ab und zu dran dächten,
wer hat denn dann die beiden rechten?

Birnen und Äpfel

Man sollte doch nicht seinesgleichen,
wie Äpfel mit Birnen vergleichen,
weil nicht nur im Geschmack verschieden,
wird so auch mancher Streit vermieden.

Klavierspiel

Selbst wenn manch falschen Ton wir hören
so wollen wir uns nicht dran stören,
wenn richtig klingt die Überzahl
und Zuhören wird nicht zur Qual.

Violinist

Mit den Fiedelbögen streichen
bringen Töne sie zuwege.
Zum Zerteilen ohne gleichen
schneller ist die Kettensäge.

Fehlerfrei

Musik ist meistens mehr als Krach,
die uns erfreut so mannigfach.
Doch manchmal geht´s auch in die Hose,
wenn stümpert er, der Virtuose.

Pfälzer Vorlieben

Wo du auch mal bist hingekommen
und einen guten Schluck genommen,
so stellst du fest – es dir gefallt´s -
wenn ist die Lethe aus der Pfalz.

Küsst du dabei in diesem Städtchen
vielleicht sogar ein junges Mädchen,

so gib doch zu – bei deren Wahl
ist dir die Herkunft ganz egal.

Saufen

Wir machen wieder einen druff,
bis alles endet dann im Suff,
denn nur wenn wir genügend haben
lässt manches sich damit ertragen.

Zu viel

Manch einer merkt zu spät, betroffen,
der an dem Abend fröhlich trinkt,
er hat ein Glas zu viel gesoffen,
wodurch er mehr ist, als beschwingt.
Doch sei dem Wirte trotzdem gedankt,
auch wenn man später heimwärts schwankt.

Vögel

Dass Männer sind den Vögeln gleich,
das mag sofort man meinen:
Kaum sind sie auf 'nen grünen Zweig,
dann zwitschern sie sich einen.

Bratwurst

Ein Würstchen aus der Metzgerei
fand, dass es etwas blass doch sei.
Der Mensch bräunt in der Sonne still.
es aber legt sich auf den Grill.

Mundart

Wenn wer kann Mundart nicht verstehen,
das solang überhaupt nichts macht
und wird von allen übersehen,
wenn er an richt'gen Stelle lacht.

Buch

In einem Buch will ich gern lesen,
wenn viele Zahlen drin gewesen
und auch die Summe nicht zu klein –
Das kann doch nur mein Sparbuch sein.

Seefahrt

Wer wirklich liebt die Einsamkeit,
wer Wasser liebt und nachts die Sterne,
und dem ist nicht das Meer zu weit.
Der liebt die Seefahrt wirklich gerne.

Feuerdorn

Der Feuerdorn, der Feuerdorn
blüht leuchtend rot vor lauter Zorn.
Wenn´s ihn nicht so nach Rache gierte
er weiß zum Schlehenbusch mutierte.

Nichtsdestotrotz

Wenn feucht es aus der Nase troff.
ein Taschentuch nützt oft aus Stoff,
Doch nass und voll nichtsdestotrotz
fließt weiter aus der Nase Rotz.
Drum sei doch etwas klüger hier
und nutz ein TEMPO aus Papier.

Historie

Ich hab gemocht sie wirklich nie,
die vielzitierte Historie,
in der meist´ schwelgen nur die Alten
als könnt´ man so das Heut´ gestalten.

Lockeres Wort

Ein lockeres Wort ist arg zu schnell fort.

Es trifft, wenn auch nicht so gewollt,
dass mancher Mensch dir danach grollt.
Denn Eifer im Gedankenblitz,
schlagfertig in der Reden Hitz´
verletzen! – Schnell ist es geschehen,
dass Spaß und Freude ihm vergehen.

Hätte man vorher sich besonnen,
so wäre häufig mehr gewonnen.

Fremde, aber gute Sprüche

Holzkopf
Wer Nüsse knackt und sie nicht isst,
bei Jungfrau 'n sitzt und sie nicht küsst,
vor 'm Weine hockt und schenkt nicht ein,
der muss ein rechter Holzkopf sein.

Lethe
Wer täglich einen Schoppen schafft,
hat 100 Jahre Manneskraft.
Nur wenn du vorher doch verstirbst,
du dir den Spaß daran verdirbst.

Zeisig
Das kälteste Vöglein heißt Zeisig,
denn der hat es hinten ja eisig.
Das wärmste ist demnach das Mövchen,
denn das hat dort hinten ein Öfchen.
Wenn man so beiden recht beschaut:
Der Barsch nur korrekt ist gebaut.

Limericks

Ein Globetrotter kam einst aus Hilden.
Durch Reisen wollt er sich gern bilden.
Er lernte en masse
am Amazonas.
Doch wurd´ er gefressen von Wilden.

´ne Krankenschwester aus Bretten,
die pflegte die Kranken in Betten.
Egal welch´ Befund
die wurden gesund.
Die Erben verwünschten sie, möchte ich wetten.

Ein Mädchen, das kam einst aus Minden,
die wollte ´ne Anstellung finden.
Doch für Müh´ und Plag
beim 8-Stunden-Tag,
sie konnte sich nicht überwinden.

Ein Mann wollte nach Wiedenbrück,
gewinnen die Freundin zurück.
Der Zug, der entgleiste,
der Wunsch, der verwaiste.
Da hatte er mal richtig Glück.

Ein Jüngling stammte aus Herne,
versprach ihr vom Himmel die Sterne,
doch merkte die Puppe
er war ´ne Sternschnuppe.
Nun sieht er sie nur aus der Ferne.

Ein älteres Fräulein aus Rastatt,
der hatte ´s Alleinsein doch glatt satt
Auf ihr Inserat
kam ein Kandidat.
Die Hochzeit fand in aller Hast statt.

Es war einst ein Fräulein aus Bingen,
die suchte vergeblich zu singen.
Der Ton schrill und schief,
dass niemand mehr schlief.
Man sollt´ sie zur Feuerwehr bringen.

Es war einst ein Fräulein aus Fischbach,
die machte oft schlafwandlerisch Krach.
Um des Friedens willen,
auch ganz ohne Pillen,
hält sie sich mit Kaffee nun nachts wach.

Die Ärzte es wirklich erstreben,
dass man bleibt recht lange am Leben.
Sie kämen in Not
wär´ früher man tot,
bevor man das Geld ihm gegeben.

Unverständlich

Ich reim´ Ideen, die mir eigen
und trage artig sie dann vor.
Doch kommt ´s den, die die Häupter neigen,
wohl manchmal eigenartig vor.

´s liegt nicht daran, dass was zu leise
mein Werk ich habe vorgelesen.
Mir scheint, was ich so klug und weise
verfasst, ist unverständlich doch gewesen

Ich sprech´ zwar deutlich, laut und voll,
was ich in versuchte hier zu reimen,
was wundervoll erheitern soll,
doch scheint verständlich es wohl keinem.

Sind die Gedanken kraus und wirr?
Hab ich nicht klar den Witz gemacht?
Ob ich mich in der Wortwahl irr?

Aus Unverständnis niemand lacht.

Ist, was ich sag, so unvergoren?
Ich fühle mich so unverstanden.
Hab ich den Draht zu euch verloren,
dass ein Verstehen nicht vorhanden.

So schleiche ich mich still und leise,
verkannt, frustriert und schwer betrübt,
und überleg´ auf welche Weise
man für Verständnis besser übt.

     Vielleicht – so denke ich zum Schluss –
     dem Reim mehr Sinn ich geben muss?!

Nachwort

Es kann nicht sein, dass wirklich allen
die Verse und der Reim gefallen.
Doch ist das eigentlich nicht schlimm,
weil ich auch kritikfähig bin.

Am besten wär´s, wenn jedermann
fängt einfach selbst zu dichten an.
Darum gleich auf den Seiten hier
habt Platz ihr dafür und Papier:

_____

_____

_____

_____

_____

_____

_____

_____

_____

_____

_____

_____

_____

_____

_____